禅と合気道

鎌田茂雄／清水健二

人文書院

目次

禅と合気道

まえがき

佐藤一斎の『言志四録』につぎの言葉が見える。

少《わか》くして学ばば、壮にして為《な》すあり。壮にして学ばば老いて衰えず、老いて学ばば死して朽ちず。

青年時代、一生懸命に勉強すれば、壮年になって何かをなすことができる。壮年になってさらに学問をすれば、老いてなお衰えることがない。老いてもなお学ぶならばその名は朽ちることなく、不滅の業績をこの世に残すことができるという。

青年、壮年、老年のもっとも大きな相違は、青年時代は血気盛んであり、肉体も頑健そのものであるが、やがて壮年、熟年となるに従って、髪の毛もうすくなり、歯も悪くなり、性欲も衰えてくる。肉体的に老いてゆくことは当然なことであって、これについて悩む必要はない。血気が衰えてゆくことは当然だからである。しかし老年になっても少しも衰えないばかりか、ますます盛んになるものがある。それは志気《しいき》である。志《こころざし》である。志とは気力のことでもある。

日本の曹洞宗の開祖である道元は、ことが成就するかどうかはすべて志にある、といっている。志さえあれば、気力さえあれば能力はさほど問題にはならない。志さえ正しく、志気が遠大であればどんなことでも必ず成就することができるものなのである。それは事業であろうと、芸道であろうと、武道であろうと、学問であろうとまったく同じなのである。

この気を養う武道の一つに合気道がある。合気道の合気とは気を相手と合わすのみでなく、気を宇宙の生命と一体ならしめ、宇宙の気の動きの中に自己の気の流れがあることを感得する武道である。それは熟年になっても始めることが可能なばかりでなく、朝鍛夕錬を何十年と続け、六十歳をこえてもより大きな、より強い気を発することができる日本独特の武道なのである。

しかも合気道は試合と闘いを求めない。闘いは自己との不断の闘いとなる。それは禅の修行ともその内面において一致するものなのである。合気道は「勝負を争わず、心を澄《すま》し胆《たん》を錬り、自然の勝を得るを要す」（山岡鉄舟『無刀流剣術大意』）ることをもって理想とする。その修行は不断の修行と冷暖自知《れいだんじち》にある。他人によって教えられるものではない。ただ自ら発明すべきものなのである。その精神は冷暖自知を標榜する禅の精神とまさしく相い一致するものである。しかも合気道も禅も、何ものにも執《とら》われない空無の中に躍動する生命に生きる。合気道は動く禅であり、禅は静の合気道にほかならない。

青年時代、私は沢庵禅師の『不動智神妙録』を読んで以来、禅と武道とが密接な関係にあることは知っていたが、具体的に自ら納得できるような形で把握することができなかった。たまたま五年前より天道流合気道を習い、清水健二師範に接してから、師範の秋霜烈日な技法と、円満な何ものをも包容せずにはおかない大きな人格に触れ、本格的に禅と合気道との結びつきを考えるようになった。かくして本書の構想が生まれ、ここに刊行するに至ったのである。

本書の内容は三部よりなる。第一部「合気道の哲学」は禅の立場から合気道の哲学を基礎づけたものであり、宮本武蔵の『五輪書』や沢庵禅師の『不動智神妙録』によりながら合気道の哲学を自分なりに構築したものである。第二部「合気道をめぐって」は、天道流合気道の清水師範と私との対話からなる。合気道とは何かを知りたい方は、この第二部より読まれることを望みたい。第三部「合気道の技法」は清水師範による合気道の技法の解説である。この部分は、一般の合気道の入門書とまったく異なっている。それは、清水師範が合気道の開祖、植芝盛平翁に直接、師事したときの冷暖自知の体験にもとづいて書かれたものであるからである。

本書が禅や合気道に関心を抱く人々や、老いてなお衰えずの志気を感得したい多くの方々に読まれることを希望してやまない。

なお、本書がこのような形で刊行されるに至ったのは、一に人文書院編集部の落合祥堯氏の、著者に対する不断の励ましの賜である。記して感謝の意を表する次第である。

昭和五十九年二月一日

世田谷、梅岑洞《ばいしんどう》にて

鎌田茂雄 しるす。

第一部　合気道の哲学

鎌田茂雄

一　禅と合気道の哲学

中国武術と合気道の哲学

合気道の開祖、植芝盛平翁は、修行時代に日本の伝統的な柔術、剣術、槍術など日本古来の武術の精髄のすべてをきわめた後、苦心して合気道を生みだした。合気道は日本のありとあらゆる武道の精髄をたくみにあわせたものといえる。しかもそれはどこまでも「合気」すなわち気を合わすことを本義とするものであって、相手と戦い勝つことのみを主眼とするのではない。相手と気を合わすことも合気ではあるが、合気道でいう合気はもっと深い哲学をもっている。

気とは東洋哲学では万物の根源、宇宙の生命力とされる。この宇宙の生命力である気と、小さなおのれ一人の気を合わすのが「合気」ということであり、自己と宇宙の生命とが一つになり、ここに技が生かされてこなければならない。技のすべてに気がかようことによって、その一つ一つの技は宇宙の生気と一つになるのである。この点についてはのちに詳述する。

宇宙の生気にあわすことを主眼とする合気道には、たんなる技術を競いあうというばかりでなく、そこには精神面がとくに重視されなければならない。そのため合気道には哲学がなければならない。

日本独自の合気道の哲学を明らかにするために、まず中国の伝統的な武道のもつ意味を考えたい。

中国の武術にもさまざまなものがある。刀、剣、槍、棍棒《こんぼう》、手裏剣などを用いることなく素手で行なうものには、少林拳、大極拳、蟷螂《とうろう》拳など多くの種類がある。中国の武術はすでに春秋時代（前七七〇—前四〇三）にはかなり盛んに行なわれており、その長い歴史のなかから「看」「練」「用」の三つの大きな特徴をそなえるようになったといわれる。

「看」とは鑑賞の意味である。武術は長い歴史のなかで鑑賞的要素の大きい技も発展させ、時にはその演技には芸術的な要素すら含むようになっている。合気道もまた純白の稽古着をつけ、黒の袴をはく。曲線を画きながら流れる技には美がある。中国の拳法と同じように、合気道にも「看」があることは当然である。

「練」とは体力増強の意味である。武術には手、目、足などの外の動作と、精神、呼吸、気合などの内の作用の高度な調和と統一とが求められる。動静起伏、剛柔虚実の動作を巧みに組み合わせた運動により、身体の生理機能を調節し、体力を増強させることができる。合気道もまた中国の拳法の功用と同じく、体力を増強するのに大いに役立ち、しかも合気道は大極拳と同じように年齢に関係なく、老人は老人にふさわしくこれを行なうことができるのである。

第三の「用」とは護身の意味である。火器のまだ出現していなかった時代、武術は攻撃の手段であると同時に、護身の術でもあった。中国の拳法では、昔から「南拳北腿」という言葉が用いられているが、これは長江以南の地方では上肢の動作が卓越しており、長江以北では下肢のはたらきが勝れていることをいうのである。合気道は、この上肢と下肢のはたらきを巧妙にさばくことによって、防御と攻撃の二つの要素をそなえ、護身の術として完璧なものであることを期している。合気道もまた当然護身術としての役割をになっているのである。

以上、中国の武術の三つの特徴である「看」「練」「用」について述べ、この中国武術の三つの特徴はそのまま合気道にもそなわっていることを明らかにしたのであるが、中国の武術の精神面というか、武術の哲学はどこに求められるであろうか。

周知のように、中国武道の一つである少林寺拳法は河南省の嵩山《すうざん》少林寺で創始された武術である。その発生は禅宗の開祖、達磨《だるま》に求められている。歴史的な事実としては宋代以後、とくに明代になって、少林寺を中心として一つの武術の体系ができあがったと思われる。この哲学は中国伝統の老荘の思想と禅の思想とが結合してできあがったものであろう。

中国の武術の哲学が道教と仏教に求めたのに対して、わが国の武道の哲学は日本人の哲学のなかに求める必要があろう。とくに合気道は日本の武術の精粋を集めて創られたものであるから、日本の哲学によってその精神面を裏づける必要がある。

私は沢庵禅師の思想の中に、合気道の哲学を求めてみたい。沢庵宗彭《たくあんそうほう》は、柳生新陰流に精神的な基盤を与えた『不動智神妙録』や『太阿記《たあき》』の著者であり、この中の思想は剣法のみでなく合気道の哲学の中核を形成することができると思う。

空無を見た禅者―沢庵禅師

日本の禅者には曹洞宗を開いた永平寺の道元もいれば、臨済宗の基をすえた妙心寺の関山慧玄とか、頓智と洒脱と狂気をそなえた一休とか、あるいは江戸時代に臨済宗を復興させた白隠などさまざまな禅僧がいるが、剣道ともっとも深いかかわりをもったのは、何といっても沢庵である。

沢庵の伝記をここで述べるのではなく、剣法の達人、柳生宗矩《やぎゅうむねのり》が師と仰いだ沢庵とはどのような禅者であったのか、それを述べてみよう。

沢庵宗彭の『不動智神妙録』や『太阿記』に説かれた禅と剣の心は、柳生流の兵法家伝書である『殺人刀《せつにんとう》』と『活人剣』に大きな影響を与えた。

『殺人刀』と『活人剣』は、柳生宗厳《むねよし》（石舟斎）、宗矩の父子二代にわたって工夫考案された柳生新陰流《しんかげりゅう》の技法、および心の持ち方の理論を詳しく述べたものである。

柳生流の剣法書の中には禅の影響がいたるところに見られるが、柳生宗矩はどうして禅を学んだのであろうか。それには柳生宗矩と沢庵との交渉を語らなければならない。

宗矩は沢庵よりも四歳の年長者でありながら、かなり若い年代から交遊があったらしく、宗矩は沢庵の禅を若年から学んでいた。

柳生但馬守宗矩は三代将軍家光の剣道指南役をしていた。その技法の面においてはほとんど残すことなく伝授していたが、その上、心の持ち方の深妙の道理を教えなければならないと感じた。そのとき、宗矩は若いときから禅について師事していた沢庵宗彭を推挙したため、沢庵が関東に下向したのであった。

いったい、沢庵とはどの程度の禅の境地に達した人であろうか。それを知るには、沢庵が臨終したときの様子を記した『万松祖録《まんしょうそろく》』を見ればよい。

正保二年（一六四五）十二月十一日、枕辺にいる僧たちが沢庵の辞世の偈《げ》を要請した。沢庵は手をふってこれを拒否した。僧たちは重ねて偈を書くように頼んだ。沢庵は筆をとって、ただ「夢」の一字を書いただけで、筆を投げ捨てて没した。ときに七十三歳であった。

沢庵は死ぬ前に遺言していた。全身を後ろの山に埋めて土を覆うだけでよい。経を読む必要はない。僧を呼んでお斎《とき》をする必要もない。道俗から香資《こうし》をもらってはならない。僧たちは平生のような生活をしていればよい。墓塔を建てたり、仏像を安置してはいけない。位牌も不必要、諡《おくりな》もいらない。本山の祖堂に自分の木牌を納める必要もない。さらに自分の一代の年譜など作ってはならない。これが沢庵の遺言であった。最後に、自分を埋めたところに墓のかわりに一本の松を植えてくれ、と頼んだ。

この沢庵の遺言は沢庵の人となりをたいへんよくあらわしている。

禅僧が遺偈《ゆいげ》を残すのは長い伝統であった。死の直前、書き記したものならば遺偈に価するが、生前から書いているようなものは遺偈ではない。沢庵は遺偈を書くようなことはたわごとと考えていたのだ。痛快なのは読経もお斎も、香資もいらぬということだ。葬儀などやる必要はないということである。真箇の禅者であれば葬儀などする必要はまったくない。現代の高僧など沢庵の爪の垢を飲んだらよい。

葬式をしないばかりではない。墓も位牌も禅師号もいらないというのである。さらに自分の一代の年譜や行状を書くなということは、自分の痕跡をこの世に残すなということである。人間死ねば空無に帰することを大悟していたのが沢庵であった。それは真の禅者であった。この沢庵に師事した柳生宗矩の剣道書に禅の影響があるのは、当然といわねばならない。

禅と武道―剣禅一如

沢庵は、剣道の修行とは人間から心の「こだわり」を取り去る修行法であるという。「こだわり」とは自由な心、無心な心ではなく執着する心をいう。この「こだわり」の心が剣道の修行においても大きな障《さまた》げとなると説く。沢庵が柳生宗矩に与えた『不動智神妙録』は、剣道の修行においていかにしてこの「こだわり」の心を除くかを説いたものである。

剣の勝負は現在の一刹那において決せられる。それであるからその心も動作も一瞬の停滞をも許すことができない。

こだわりの心は「留《とど》まる心」ともいわれる。過去にとり残されている心がとどまる心であり、それがあると、剣の試合においては一瞬のおくれをとる。

こだわりなき心は無心である。無心にして剣を動かすとき、その究極においては「無刀の心」となる。もともと無刀の意味は素手をもって相手の白刃を奪うことであったが、さらにその解釈は拡大されて、大刀のない場合、自分の手なり、扇子なり、木の枝なり、身のまわりにあるものを自由に用いる意味となる。さらに精神的な解釈が加えられ、剣における見がまえ、間合《まあい》、その他、一切の動作が無刀の心より出なければならないという。無刀の解釈がこのように変化したのは沢庵の影響であるといえる。

禅は坐禅によって気を鍛錬する。そのため数息観《すそくかん》という呼吸法を重視する。大極拳や合気道なども気の動きをもっとも大切にする。大極拳では気はどこまでもとどまることなく、中国の長江の流れのように悠々として無限に動いていく。身体とは別に気が動くのではなく、身体そのものの動きのなかに気がある。否、気が真の実在であって、心とか身体とかいうのはたんに抽象化されたものにすぎないのだ。

他者の死を前提としなければ自分の生が成りたたないような残酷非情な関係が、生命には含まれている。そのなかでは、自分が他者に対して、自分をいかに有利にするかという行動原理が発生する。これが戦いの本質である。ところが、日本の武道の哲学は、他者との対立をもっとも必要とする戦いの瞬間に、森羅万象を貫く気と一致することを説く。それは天地の気と自己の気とを合わす哲学でもある。

沢庵の説く剣禅一如のとどまる所なき心、無心の心は剣道だけの心ではない。それは合気道の心でもあり、大極拳の心でもあり、ありとあらゆる諸道の心である。この心をきわめる修行は頭によってできるものではない。沢庵もいうようにそれは冷暖自知するしかない。おのずからそれを修行によって体得するしかない。

その修行も一年や二年ではなにも分りはしない。三年やれば入口に立つことができる。十年やればようやく形をのみこみ、事のあらましは分ってくる。さらに窮めつくすには理の修行、精神面を鍛えることが大切である。二十年の修行によって、ようやく身体で分り始める。三十年行《ぎょう》ずることによって、とどまる所なき心が分るようになる。

いかなる武道でもその道を窮めることは至難である。無限の求道こそ禅と武道の要諦であることを知るべきである。それはまた孤独の道でもある。自己との闘いであるからである。孤独の道をひたすら歩むには、名声、妻子、財産など人間の持つ一切を捨てきらなければならない。さらに自己の生命も一瞬のうちに棄てる覚悟を必要とする。まさしくその死にあたっては、沢庵の臨終のように一切を捨てて空無に帰するのみである。禅の道も剣の道も、大極拳も合気道もかくして真の「道《どう》」となり、宇宙の生命に帰ることができる。

以上、述べたように、沢庵は空無を見た禅者であった。彼の境涯には生も死もなかった。このような境涯に立つ禅者が書いたのが『不動智神妙録』と『太阿記』であった。私があえてこの二書に立脚しながら合気道の哲学を構築しようと志したのは、この二書にはたんなる禅者の智慧ではなく、武道の真実にも通じるところの生命が流れているからである。

合気道の哲学

合気道は江戸末期の武術に源流をもつ武道であり、植芝翁が苦心練行の結果、創始したものである。植芝翁は朝鍛夕錬の修行を続けていたとき、大いなる大自然の生命、宇宙の大生命を感得したことがあるといわれているが、この原体験は私にいわせれば、禅の見性《けんしょう》、禅の悟りと同一なものであると思われる。そこには小さな人間としての植芝翁は消え失せて、あるのはただ大いなる宇宙の生命であり、その生命のなかに植芝翁の全身心は包みこまれている。かくして植芝翁は小さな自己を捨てて大いなる宇宙の生命を感得し、宇宙と一体となる合気《あいき》を感得したのであった。

合気道の創始者が禅の見性体験とまったく同様な体験をしたことから考えて、合気道の哲学を構築するには禅の思想、とくに日本禅の思想の代表ともいえる沢庵の『不動智神妙録』と『太阿記』の思想、および柳生新陰流の家伝書によることがもっとも適切であるといえる。

合気道の哲学は、私の考えでは、中国拳法の特徴が「看」「練」「用」であるのに対して、「円」「無」「和」「気」の哲学になる。

第一の「円」とは、どこまでも一点に停滞することなく、自由自在に円転してゆく気と身体の流れを基礎づけるもので、合気道の根本の思想を形成する。合気道の技法では運歩も腰のひねりもすべて円運動でなければならない。基本技もこの円運動を体得するために行なうものなのである。

第二に、「無」の哲学をとりあげてみたい。柳生流の拳法の最高の極意は無刀流であるといわれる。無刀流は刀を持たなくとも、たとえば手もとにある扇子でもよし、鉛筆でもよし、そばにあるどんなものでも用いて敵を倒す術である。さらには何ものもなくとも敵と闘う術である。この無刀術は捨身によってのみ支えられる。

合気道は自ら敵を攻撃することはない。敵の攻撃をかわしながら、己れを無にして身を捨てるところに大いなる道を見出す。身を捨てること、すなわち捨身とは禅でもまた説くところである。「大死一番」という禅の言葉があるが、一度死んで生まれかわることである。この場合、死ぬということはいままでの妄想をもった自分が死ぬことであり、妄想に生きる自己を殺すことを意味する。自己を殺すことは自己を無とすることである。

ここに合気道の無の哲学がある。

第三の「和」とは、合気の意味をもっともよくあらわす言葉である。合気道は原則として勝負を争うことをしない。どこまでも相手の気と自分の気とを合わすことを原則とする。それは自他不二に通ずる。自分と相手の気を合わすだけでなく、宇宙の生命、自然の大生命とも気を一にしてゆく。勝負を争わない合気道は、相手を殺すことはない。むしろ相手を生かすことを主眼とする。その点、合気道は和の哲学を持つといえる。

道場の稽古にしても、老若男女、和の精神で道場における稽古をつんでゆく。先輩、有段者は、後輩である初心者をけっしていじめたり、旧軍隊におけるようなしごきをすることはない。親切心と節度をもって相手を導くようにする。力の技によって互いに技を競いあうのは、合気道の精神に反する。どこまでも和の精神を生かすのが合気道なのである。

第四の気の哲学とは呼吸力の哲学である。合気道においては「呼吸力」ということをさかんにいう。呼吸力というと腹式呼吸とか深呼吸とかの呼吸のやり方を考えるが、合気道でいう呼吸力とはたんなる呼吸のやり方、呼吸の力をいうのではない。たとえば合気道の基本技の一つに、坐ったまま二人が相対して呼吸力を養成する技があり、稽古の最後に坐り技として毎回行なわれるが、これはどこまでも「呼吸力」を養成するためなのである。

呼吸力というのは臍下丹田《せいかたんでん》から発する意識と呼吸を統一した一つの力である。それは腕力や小手先の力ではない。臍下丹田から発する呼吸力は、相手を完全に自らの呼吸力のなかに呑みこむことができる。この「呼吸力」という呼び方は、合気道の諸流派の解説書に必ず出てくる言葉であるが、完全に言葉で説明できているような書は見当らないようである。

「呼吸力」とは何か。私は意識と呼吸と肉体の動きを根源的に統一した力であると思う。禅の言葉に「心身不二」という言葉があるが、精神とは精神的身体であり、肉体とは身体的精神であるといってよく、両者を分けて二つに区別して考えるのは思考の抽象性による。禅においてはまず第一義は行為、行動であり、行為とは意志の統一力の発現にほかならないともいえる。

このような合気道の呼吸力は、頭で理解できるものでは絶対にない。それは長い間の朝鍛夕錬、少なくとも週三回の稽古によってのみ磨きあげられるものであり、週三回の稽古を三年間やるならば、おのずと体得できるものなのである。合気道の呼吸力を少しでも自分のものにできたら、その人はその呼吸力をどんなことにも、どんな動作にも無限に生かすことができる。

合気道の呼吸力は気の哲学に裏づけられたものである。気の哲学とは東洋の深い英知から生まれたものである。

気とはやる気があるとか、気がないとか、さまざまな言葉として用いられるが、気の思想は当然、稽古のやり方に及んでゆく。気力を生かし、呼吸力を把握するためにはどのような修行が必要であろうか。私はのちに「気の哲学」のところで、この点の事情を明らかにするつもりである。

二　円の哲学

心をとどめるな

われわれの心は外界に適応しながら、外界に応じて限りなく移り動いてゆく。しかも対象が好ましいものであれば、心はそこにとどまる。心をとどめるということは、ものに心がとらわれることである。

「自由自在」という言葉があるが、自由とか自在というのは、心が対象にとらわれないことをいう。勝手気ままにということが自由ではなく、どんな対象に対しても心がとらわれないことである。

合気道の技法においても、相手が向うから技をしかけてくる場合、相手の手や足や身体の動きをあまりにも重視し、例えば相手の手の動きを見て、そのままそこに自分の手を合わせようとすれば、相手の手に心がとどまって、自分自身のはたらきがまったく留守となり、技を円運動のように見事にさばくことができなくなる。それは気を合わすことを本領とする合気道の精神からいっても邪道となる。このように心が対象にとどまること、心が対象にとらわれることは、合気道の稽古においても厳に戒められなければならない。

相手の動きをまったく見ないのではない。たんに目で見るのではなく、どこまでも相手の動きの全体を臍下丹田で見ることが必要なのである。相手の動きを腹で観ながら、しかも相手の手なり脚なりに心をとどめてはならない（観と見については「気の哲学」の中のこの項を参照）。相手の手や脚の動きの拍子に合わせてこちらからは頑張ろうとも思わず、負けまいとも思わず、何らの思案や考えもなく、相手のすばやい動きを見ても少しもとらわれることなく、相手に応じて技をかけるなら必殺の技になる。

対象に心をとどめないということは、円運動を成りたたせるもっとも基本的な精神的な要素である。相手から技をしかけてくる場合だけでなく、こちらから相手にしかける場合も同様である。相手にも自分にも、間合《まあい》にも、拍子にも、少しでも心をとどめたならば、こちらの動きは間が抜けてしまって不覚をとることは明らかである。自分自身にも心をとどめてはならぬ。

どんな武術でも初心の頃は緊張する。もちろんどんなに習熟しても、武道を行なうさいには緊張することは当然であるが、こちこちに固くなったら技が自由にかけられなくなる。体が固くなると、よほど熟達していないともみほぐすことはできない。

長い間、修行をつんだ熟練者と対する場合は、よけい緊張する。緊張するとは自分自身に心がとらわれることである。間合をあまりに意識すれば、間合に心がとらわれるようになる。自分の手の先に心がとらえられると、手の先だけに心がとどまってしまう。どんなことであれ心がとどまってしまった場合、そこには自由はない。心がとどまると、そこに意識が集中し、他は脱けがらになる。身体全体にみなぎる統一力や、呼吸力に隙ができる。心をとどめることは、いかなる武道であっても邪道になる。

不動の知恵とは

心をどんなものにもとどめないということは、身体がぐらつかないことである。合気道はすべての技法の動作が円運動でなければならない。そのため腰がぐらつくことを厳に戒める。

沢庵は『不動智神妙録』の中で、

身を動転せぬことにて候。動転せぬとは、物毎に留らぬ事にて候。物一目見て、其心を止めぬを不動と申し候。

と説明している。不動とは身体を動転しないことである。如何なる状態にあっても身体が円運動を正しく保つことである。「物事に留らぬ事にて候」とあるように、どんな相手の動作、相手の技に対しても心をそこにとどめてはならぬ。流れる水のように腰を中心とした円運動を行なうことが合気道でも大切なのである。

「不動」というのは、石や木がまったく動かないという意味ではない。心は前後左右、いかなる方向へも自由に動きながら、少しも対象にとらわれず、少しもとどまらない心を不動の知恵というのである。

たとえば合気道においては、二人はおろか、三人、四人を同時に相手にする場合がある。その場合、一人一人に心をとどめてはならない。一人が技をかけてきた場合、瞬間にそれを受け流し、さらにその人に心をとどめることなく、つぎつぎとかかってきた人を捨てていけば、たとえ三人、四人がかかってきても一人と相対するのと同じである。三人なら三人に心がはたらいても、つぎつぎに応じて技をかけてゆくならば、それは一人と相対するのとまったく同じなのである。どんなに敵が多くとも、達人から見ればそれは一人となる。

この不動の知恵をそなえたシンボルとして、千手観音をあげることができる。千手観音には千本の手がある。この千本の手は弓や刀やさまざまな道具を持っている。たとえば弓を持っている手に心がとらわれるならば、他の九百九十九本の手の用《はたら》きは不自由となる。一本の手に絶対に心をとどめることなく、千本すべてが活発に動くように気がみなぎっているのが千手観音なのである。千本の手がすべて自由自在に用《はたら》くことができることを示しているのが千手観音なのである。何故、千手観音は千本の手を自由自在にあやつることができるのであろうか。それは千手観音は不動の知恵をそなえているからである。

人間の目とはまことに不思議なもので、一つのものだけを見ていると他のものは見えないものである。たとえば大勢の人がいる中に愛する人が一人いるとすれば、愛する人だけに目はそそがれて他の人はまったく見えなくなる。目には映じていても何も見えなくなって、ただ愛する人の一挙手一投足だけが見える。あるいはまた一本の木を見ても、赤い葉だけに心を集中して見ていると、残りの葉は目に入らなくなる。一つの葉だけにとらわれることなく、心を無にして木全体を見ていれば、木の葉がどんなに沢山茂っていても、すべての木の葉が目に入ってくるものである。このようにすべての葉が見える人こそ千手千眼観音にほかならない。

千手千眼観音は不動の知恵をそなえているため、千の手をすべて自由自在に使いこなせる。われわれも不動の知恵を体得することができれば、自由自在に技をかけることができるようになる。

心の置き方

柳生流の家伝の書に『兵法家伝書』上下二巻がある。上巻は『殺人刀《せつにんとう》』と名づけられているのに対して、下巻は『活人剣』と名づけられている。太刀を構えて闘う剣技を「殺人刀」というのに対して、構えのないところをすべて「活人剣」と称するのだという。この『活人剣』の中につぎの言葉が見える。

病とは、心の病なり。心の病とは、心のそこ〳〵にとゞまるを云うなり。心を一太刀うった所にとどめぬ様にすべし。心をすてて、すてぬなり。

いかなる剣法をなすにも、心の病があってはいけないことを説くのである。心の病とは心をあちこちにとどめることをいう。剣法でいえば、一太刀打ったところに心をとどめることは不可なのである。相手の腕を切ったと思ってそこに心をとどめると、心は相手の腕、および腕を切ったという事実に執着する。その執着がすなわち隙《すき》となる。そこで柳生宗矩は「心を一太刀うった所にとどめぬ様にすべし」というのである。

合気道においてもこれはまったく同じである。技を一つかけてこれで終ったというのではなく、一つの技を相互にかけあい、一技終るまでは絶対に気を抜いてはいけないのである。一つの技は全体の技の一つであり、それは無限に円運動として流れてゆくものでなければならない。『活人剣』で説くこの一文の最後の「心をすてて、すてぬなり」という言葉は、深く味わわなければならない。この言葉のほんとうの意味が分ったならば、それは達人というべきである。

柳生宗矩に禅の奥義を説き、その禅の心によって剣法の極意を明らかにさせようとした沢庵も、心の置き方について、『不動智神妙録』の中で明快に説いている。とくに「心の置所」と題した一節を設けて、心の用い方が如何に重要であるかを詳述している。その冒頭の一文はあまりにも有名であるので、つぎにかかげる。

心を何処に置こうぞ。敵の身の働《はたらき》に心を置けば、敵の身の働に心を取らるるなり。敵の太刀に心を置けば、敵の太刀に心を取らるるなり。敵を切らんと思う所に心を置けば、敵を切らんと思う所に心を取らるるなり。我太刀《わがたち》に心を置けば、我太刀に心を取らるるなり。われ切られじと思う所に心を置けば、切られじと思う所に心を取らるるなり。人の構《かまえ》に心を置けば、人の構に心を取らるるなり。兎角《とかく》、心の置所はないと言う。

心をどこに置いたらよいか、ということをこれほど明快に禅の立場から説いた言葉はない。敵の身の働きに心を置けば、敵の身の働きに心を取られる。敵の太刀に心を置けば、その太刀に心を取られる。敵を切ろうとすることに心を置けば、切ろうとするところに心を取られ、自分の太刀に心を置けば、自分の太刀に心を取られ、切られまいということに心を置けば、切られまいとするところに心を取られることになる。相手の構えに心を置けば、その構えに心を取られることになる。どのようにしても結局は、心の置き所はないというのである。

心をどこにも置かないというと、心がどこにもないように思われるが、そういうことではなく、心は全身一杯に満ちあふれていなければならない。合気道などでは心というよりも「気」といった方がよく、気が全身に遍満していることが、心をどこにも置かないことになる。

合気道では呼吸力を養成する技の稽古の場合、気を臍下丹田にこめるように説明するが、気を臍下丹田にだけ閉じこめておくのが呼吸力ではない。むしろ気が臍下丹田から全身に満ち溢れることが、呼吸力にとって一番大切なことなのである。気を閉じこめておくのではなく、気を無限に外に発するのが呼吸力なのである。強い呼吸力を発揮することができるのは、心を一ヶ所にとどめることがないからである。

心を一ヶ所に置くこと、とどめることを「偏《へん》」に落ちるという。

> 心を一所に置けば、偏に落ると言うなり。偏とは一方に片付きたる事を言うなり。正とは何処へも行き渡ったる事なり。正心とは総身へ心を伸べて、一方へ付かぬを言うなり。

心を一つのところに執着させることが「偏に落ちる」ということである。合気道でいえば、円運動の動きがスムーズにゆかずに一ヶ所にとどまることである。この反対に円運動の動きがまったく停滞することなく、どこにもとどまることなく、流れるように動いてゆくことが「正」ということである。「正心とは総身へ心を伸べて、一方へ付かぬを言うなり」ということはすばらしい定義である。気が全身にゆきわたって、一つに停滞していないことが正心なのである。気が全身へゆきわたっているところに気の生きた相《すがた》がある。沢庵はさらに説く。

何処《いずこ》に置こうとて、思いなければ、心は全体に伸びひろごりて行き渡りて有るものなり。

どこかに気を置くという気持がなければ、気は全身どこにでも伸びひろがって、どこにも行き渡るものである。気が全身に行きわたっていれば、手を動かそうとするときは、手にある気を用いればよいし、足を動かす必要があるときには足にある気を使えばよいのである。全身どこにも気が充実してさえいれば、足でも手でも自由自在に動かすことができる。そこで沢庵はつぎのようにいいきる。

唯だ一所に止めぬ工夫、これ皆修行なり。

どんな武道でも修行というのは心を一ヶ所にとどめないように工夫することである。心をどこにもとどめないことが肝要であるという。心を外に出す場合、一方に心を置けば、他の九方は欠けることになる。心を一方に置かなければ、十方に行きわたることができる。

心をどこにも置かなければ、十方四方に置くことができるという沢庵の言葉はまことに至言である。沢庵は心の置きどころを説いているのであるが、この心とは、合気道でいう気とまったく同じものである。合気道においても気はどこまでも臍下丹田から発して、全身にみなぎるものでなくてはならない。呼吸力にしても臍下丹田の気が外に発するものなのである。

気の病とは

柳生流の家伝書、『殺人刀』上には、兵法において心の病をとり去らなければならないということを、まことに懇切丁寧に説いている。その原文をつぎにあげる。

かたんと一筋におもうも病なり。兵法つかわむと一筋におもうも病なり。習《ならい》のたけを出さんと一筋におもうも、病かからんと一筋におもうも病なり。またんとばかりおもうも病なり。病をさらんと一筋におもいかたまりたるも病なり。何事も心の一すぢにとどまりたるを病とするなり。此の様々の病、皆、心にあるなれば、此等《これら》の病をさって心を調《ととのう》る事なり。

この一文は心の病について詳細に述べている。これは沢庵が説いた禅の極意である「心の置き方」を指南として、柳生宗矩が書き記したものである。勝とうと一筋に思うことも病である。剣法を使おうと思うのも病である。稽古し自分が習得したものをありったけ出そうとするのも病である。稽古をすればするほど、自分の習得した術をできるだけ出そうと思うのがわれわれである。できるだけ出そうと思うとそこに隙が生じる。敵に打ちかかろうとばかり思うのもあやまりであり、敵が打つのをひたすら待とうとするのも邪道であるという。さらに心が一ヶ所にとどまってはいけないから、心の病を取り去ろうと思うと、取り去ろうと思う心に心がとどまるから、そのことすらも忘れなければならないと説く。

心の病とは執着することである。この執着をきらうのは禅者も同じである。禅者はどんなに俗のなかに入り、俗人と同じことをしても、俗塵《ぞくじん》に染まることはまったくない。どんなことをするのも自由であり、残滓をとどめることがない。たとえば一休禅師が盲目の森女と愛欲の生活にどんなに溺れても、心のなかはさめていた。外面的には愛欲に溺れているように見えても、けっして溺れてはいなかった。孤絶の道を歩むものにとっては女という異性はなかった。性を縛るものはなかった。男性もなく女性もなく、あるのは吸淫した一休と、吸淫された森女だけであった。

病を去るとは執着をなくすことなのである。合気道でいえば、一ヶ所に気を停滞させないことなのである。何ものもとどめることがなくなったならば、それは達人の境涯となる。『殺人刀』は達人の境涯をつぎのようにえがく。

諸道の達者、そのわざ〳〵の上に付て、着《じやく》がはなれずば、名人とはいわるまじきなり。みがかざる玖《あらたま》は、塵《ちり》ほこりがつくなり。みがきぬきたる玉は、泥中に入てもけがれぬなり。

執着を離れたところを名人というのである。剣道、茶道、華道、香道など、どんな道であれ達人といわれる人は、技の上に一つも執着がない。よごれがない。このように達人となる人とは、あらゆる執着を絶ち切った人のことなのである。長い間の修練によって磨きあげられた玉には塵や埃《よごれ》はつかないが、磨きぬかれた玉でないものは、泥の中に入るとすぐに汚泥《おでい》に染まって、汚《けが》れてしまうのである。

柳生宗矩は諸道の極意についてつぎのように説く。

これが諸道の極意《ごくい》向上《こうじょう》なり。ならいをわすれ、心をすてきって、一向《いっこう》に我もしらずしてかなう所が道の至極《しごく》なり。この一段は、習より入てならいなきにいたる者なり。

この境地に到達するには厳しい朝鍛夕錬の修行を経なければならない。さまざまな体さばきをはじめ、あらゆる合気道の技法をまず十年、二十年と習い尽くすことが、この境地に到達する出発点になる。長い間の習練と稽古の修行がつもりつもってくれば、手も足も身体も、動いているがそこに心がとどまることはない。習練を意識することなく、習練のときと少しもかわらず、無意識に体は動いてゆく。どんな技に対しても自由自在に技をかけ得るのである。このとき、自分の心はどこにもない。自分の動きをさまたげようとする悪魔も、自分の動きを邪魔することはできない。この境地に達するための稽古であり、習練なのである。

真の習練は習練を捨てるためにある。これが習練の極であり、ここで習練は不必要となる。このような境地こそ、あらゆる武道、芸道の極意でなければならない。どんな物事にでもとどまる心を捨てきって、自分が意識することなくとも、きちんと合気道の行法にかなっているというのが道の至極にほかならない。

いかなる武道でも最初の入門からその技を修得するまでには長い年月の習練が必要な

ことはもちろんであるが、その武道の極意においては習練そのものも捨てて、天道（宇宙の生命）にかなうようにならなければならない。それが武道においては達人、名人であり、禅においては悟りを開いた人なのである。

心は見えるもの

このような達人の境涯に達するとどうなるか。その心はまったく自由自在に円転し、対象に縛られたり、対象に執着することは少しもない。『活人剣』下の中では、インドにおいて禅の教えを相承した歴代の祖師の一人である摩拏羅《まぬら》尊者の偈文を引用しながら、心をどこにもとどめない達人の境涯が説明されている。その摩拏羅尊者の偈文とは、

心、万境《まんきょう》に随《したが》って転《てん》ず、転処《てんしょ》、実に能《よ》く幽《ゆう》なり。（『景徳伝燈録《けいとくでんとうろく》』巻二）

という一文である。柳生宗矩はこの禅の一偈を引用しながら、兵法の極意を述べてゆく。この一偈は禅においても参禅学道にもっとも必要な言葉であるが、兵法においても深く味わうべき言葉とされる。

柳生宗矩は、兵法においてもこの言葉が重要であるのであえてここに引き合いに出し

たのであるという。宗矩はこの禅の言葉に対して兵法の立場から独自な解釈をする。まず「万境」とは、兵法でいえば敵のさまざまな技、動き、用《はたら》きのことであるとする。その敵の一つ一つの動きに従って心も動いてゆく。たとえば敵が太刀をふりあげると、その太刀に従って心が動いてゆく。太刀が右に動けば心も右へ、太刀が左に動けば心も左へ動いてゆく。このことを「心、万境に随《したが》って転ず」というのであると。これは沢庵の「心の置き所」にも説いてあり、われわれ凡人でもなるほどとよく分る。

つぎに重要なのは「転処、実に能く幽なり」という言葉である。この「転処、実に能く幽なり」というのが円転自在を極意とする兵法の眼目である。敵の動きに心を残さないようにするのは、あたかも漕ぎゆく舟のあとの白波のようであって、後には消えて少しも跡を残すことなく、先に進んで少しもとどまることがない。このようなことが、「転処、実に能く幽なり」の意味だと宗矩は説明する。

この「漕ぎ行く舟のあとの白波」という比喩は、実は沙弥《さみ》満誓の歌である。「世の中を何に譬《たと》へむ朝ぼらけ　漕《こ》ぎ行く舟の跡の白波」（『拾遺集』巻二十）からとったものである。「幽なり」ということはどんなに動いても跡を残さないことをいう。舟の白波は一時はあわだつが、舟が進むにつれてそれはうたかたのように消え失せてゆく。宗矩はこの「幽なり」という言葉を「かすかにて見えぬことなり」と説明している。

この禅の一偈を引用して心を対象にとどめないことを宗矩は力説する。心がどんなに動いても、そこに跡を残すな、ということが兵法の極意とされる。敵の技に心が動き、そこに心が停滞し、執着したならば、それは一ヶ所にとどまる心となり、円転自在の動きは不可能となる。心が一ヶ所に執着すると、心の固まりが見えてくると宗矩は説く。

心は色もかたちもなければ、目に元より見えぬ物なれども、着《じゃく》してとどまれば、心がそのまま見ゆるものなり。たとえばしらぎぬのごとくなり。紅をうつしとどむれば紅になり、紫をうつせばむらさきの色に成るなり。人の心も物にうつれば、あらわれ見ゆるなり。

心には色も形もない。そのため心は目には見えない。心は目では見えないものであるが、心が一ヶ所に執着すると、心はそのまま見えるようになる。宗矩はその比喩に白衣《しらぎぬ》をあげる。真白な白い衣に紅色をうつせば紅になるし、紫色をうつせば紫になるように、人の心も物にうつれば、はっきりとあらわれて見えるようになる。人の心がどこにも執着していなければ、心は見えぬ。しかしどこか一つの対象や、一つの動きに執着すれば、必ず心は見えるようになる。たとえば仲間の中で誰か一人の女性を愛するとする。その女性に心をうつしてゆくと、やがて必ず仲間の者はこれを見破ることができる。思いが内にあれば、必ずその形が外に現われるからである。

敵の動き、用《はたら》きに心を執着させるならば、円転自在の動きはできない。この円転自在の動きを体得するには、兵法の修行者は禅に参ずる必要がある、と宗矩は主張する。

「心、万境に随って転ず、転処、実に能く幽なり」という禅の言葉は、私が青年時代、世界的に有名な禅学者の鈴木大拙博士からよく聞いた言葉である。敗戦後、陸軍の学校から復員してしばらくの間、私は鎌倉の円覚寺で、朝比奈宗源老師の下で坐禅のまねごとをしていた。ときたま岩波書店の小林勇氏を初め、鎌倉在住の文化人、知識人の何人かが発議して、鈴木大拙先生のご講義を聞く会を、駈け込み寺で有名な東慶寺の書院で開いたことがあった。このとき、私はまだとても参加できるような者ではなかったが、当時の東慶寺住職、井上禅定師や、現松ヶ岡文庫長、古田紹欽先生のご配慮によって、片隅で鈴木大拙先生のお話を聴講する光栄に浴した。このときの講義でいわれた禅語の一つが、この言葉であった。私はこのときの鈴木先生の講義の内容はまったく忘れてしまったし、また当時は少しも理解できなかったが、いまでもはっきりと憶えているのが「〝転処、実に能く幽なり〟ということには無限の味わいがある」というような言葉であった。当時は「転処が幽なり」など、禅の立場からはもちろん、人生の経験でいっても分るはずがなかった。しかし鈴木大拙先生が、自ら深く味わうように、「転処、実に能く幽なり」の「幽なり」が分れば禅は分るといっておられたことは、私の生涯に忘れ難い思い出となった。

おそらくこの言葉は、禅者の悟境を示す言葉であるとともに、兵法においてもやはり至極の境地をあらわす言葉なのである。人生の深い経験をへた人も、この言葉の意味する深さをおのずと味得するにちがいない。

円転自在とは

柳生流の兵法においてもっとも大切な心の持ち方は、心が何ものにも束縛されずに円転自在に動き、しかも跡をまったく残さぬことであるという。この心の動きはそのまま合気道にも通じるものである。合気道では気の動きを一ヶ所に停滞させてはならぬ。どこまでも動いてゆかねばならぬ。技における動作は一時、静止する場合もあろうが、気はとどまることはない。気の流れが無限の流水のように流れてゆくところ、体のさばきもまた円転自在となることができる。

柳生宗矩の『活人剣』下につぎの言葉がみえる。

　水車はめぐるが常なり。めぐらずば、常にたがうたものなり。

水車というのは動いており回転しているのが普通であり、あたりまえであり、水車が回っていなければおかしい。水車は回転を止めたら水車ではなくなり、水車の機能を喪失するに至る。

合気道の動きもまた水車がめぐるようでなければならぬ。水車に停滞はないように、気の動きと体のさばきが円転自在してゆかねばならぬ。独楽《こま》が一人で立つことができるのは回転しているからである。もし回転が中止すれば、独楽は倒れる。このように独楽は独楽である限り、立っている限り回転をつづけなければならない。円転自在の動きを支える哲学は、沢庵や柳生宗矩が説くような、心を一ヶ所にとどめないという心のあり方である。一ヶ所にとどめないようにしようとして心を執着させることも、また心の病であることについては、すでに説いた通りである。

三　無の哲学

空の世界

心をどこにもとどめないという円転自在の心の動きが、武道をやる場合にきわめて重要であることを第二章において述べたのであるが、その円転自在を成りたたせるためには、無心の哲学がその背後になければならない。沢庵の『不動智神妙録』や柳生流の『殺人刀』などを用いながら、無心の哲学を探るのであるが、その前に仏教の「空」の思想について、日本仏教においてもっともよく読まれ、誰でも知っているお経である『般若心経』を手がかりとして、簡単に述べておこう。

『般若心経』はまず「色は空に異らず、空は色に異らず」と喝破する。色とは形あるもの、この現象界、森羅万象のすべてをいうのである。普通の仏教学では、森羅万象を因縁で説明する。因とは原因を助ける条件であり、一切のものはすべて因と縁とによってなりたっていると説く。この因と縁が消滅すれば、すべて空に帰するという。

今、原稿を書いている私のまわりにある万年筆も、原稿用紙も、本も、机もすべて因縁によって仮に成りたっているものであり、永遠に存続する机もなければ、万年筆もない。万年筆という概念はあっても、万年筆というそれ自体はないわけである。竜樹（西紀一五〇～二五〇頃、インドの仏教哲学者）の『中論』では、「因縁所生の法、我れ即ちこれを空と説く」といっている。

また『大般若経』の偈文では、

諸法みなこれ因縁生なり、因縁生の故に自性《じしょう》なし

と説いている。諸法というのはすべてのもの、森羅万象をいう。この森羅万象、存在するものはすべて因縁によって生じたものである。因縁によって仮りに存在しているものであるからそのものの自性はないのだという。春に咲く花も春風を得て初めて開花するのである。春風という縁と、桜の蕾《つぼみ》という因が熟して初めて桜花が咲くのであって、桜花という自性があるのではないのである。どんな立派な建物であっても、建物を構成し

ている材料の因、その建物を建てようとするさまざまな条件がからみあって、現にその建物が存在しているのであり、それらの因と縁とがなくなれば、建物もまた廃墟となるのである。仏教ではこのようにすべてのものをみるから、あらゆる存在は永遠に存続するはずがない。因と縁とがなくなれば空無に帰するというのである。

それでは仮りの存在である色《しき》（形あるもの）だけに執着するとどうなるか。どんなに確実と思われるものでも長い年月のうちには必ず風化する、必ず滅びるのである。巨大な古代文明も今に残るのは石造建築物だけではないか。人の一生を考えてみても、この現世にのみ執着して生きて死んだ後、何が残るのか。すべては一場の夢に等しい。

それでは逆に空だけが真理だとして、現実に存在するものをすべて否定し去ったならばどうなるのか。それはニヒリズムにおちいるしかない。現実に存在するものに価値をおかず、すべては空しいとすれば、人間の働く活力は失われるにちがいない。

色のみに執着して生きても駄目、空こそが最高の真理だと思って生きても駄目ならば、一体どういう生き方をすべきなのか。

『般若心経』はつづいて、

色は即ち是れ空、空は即ち是れ色なり、受想行識も亦《ま》たかくの如し。

と説く。「色は空に異らず、空は色に異らず」というのは、さらに端的に示すと、「色即是空、空即是色」となる。この「色即是空」という言葉は有名な言葉で、古来から日本人にも親しまれている。

「色即是空」というとすべてのものは空であって何もないと理解しやすい。空とは世界をただ空とみなすだけでは、宇宙の実相の一面の見方にすぎない。そこで空に執着していては本当の相《すがた》が見えないので、ただちに「空即是色」とやったのである。この「空即是色」を仏教では「真空妙有《しんくうみょうう》」という。真実の空の中には妙有が存在しなければならぬというのである。禅者はこれを「無一物中無尽蔵」ともいう。何もないところにこそ無限のものを蔵することができるという。無一物の中に花あり、月あり、楼台ありとなる。「色即是空」とは「色は空に異らず」であり、「空即是色」は「空は色に異らず」である。

この点について上手に説明したのが、盤珪《ばんけい》禅師の『心経抄』である。一切のものが空《くう》であるというとき、色を全面的に否定して空だというのではない。一切のものがそのままでありながら、あえて空というのである。「色即是空」を早合点して、すべてを空と見るのは大きなあやまりなのである。すべてを空なるものとみればどうなるか、まず人倫の道を失うことになる。父母兄弟、先輩後輩すべて空だとし、上を敬い、下を憐れむことがないならば、それは「えて勝手な空」だという。えて勝手な空におちいることを防ぐため、『般若心経』では「空即是色」とあえていわざるを得なかったのである。一切のものが空であったとしても、その空はそのまま色なのであるから、天は天、地は地、父母兄弟、上下の関係すべてこれはそのまま厳然として存在していなければならないのである。この道理を明らかにするために「色即是空、空即是色」が説かれたのである。

宇宙の実相を空だ、色だ、と分別することがそもそものあやまりなのである。分別をすれば不自由になる。人間の知性は、空でなければ有《う》(＝色)、有でなければ空と、二元の世界にわりきるようにできている。仏教ではこの分別をどこまでも排除しようとするのである。人間の知性は、AでなければB、BでなければAというようにできているが、この知性のあやまりを破ろうとするのが仏教の般若の智慧にほかならない。山は山、川は川、鳥獣虫魚は鳥獣虫魚として何のさわりもなく、鳥が空を飛び、魚が水に泳ぐように、すべての世界に存在しているものは、一つとしてきらうことなく、にくみあうことなく、あるものがあるがままに生きているのである。これこそ真の不可思議である。それは人間の小さなはからいを越えているのである。

無功徳の思想―達磨のめざしたもの

仏教の教えの根本が「空」であることを『般若心経』は教えてくれるが、この「空」を体現した人こそ禅宗の開祖、達磨《だるま》である。

達磨は、中国の南北朝の梁《りょう》の時代に、インドからやってきたといわれている。万里の荒波をおかして中国の広州の海岸にやってきた。それから北へ進んで梁の武帝がいる都の金陵《きんりょう》にきて、梁の武帝と問答をした。これが有名な話で、禅宗の書物である『碧巌録《へきがんろく》』の第一則になっている。

梁の武帝はたいへんに仏教を大切にした天子であった。寺を造ったり、経を写したり、仏教を大切に保護してきた。そこで武帝は達磨に、自分はこのように仏教を盛んにしてきたが、一体、どういう功徳があるか、と聞いたのである。すると達磨は、そんなことは何の功徳にもならない、と答えたのであった。これは梁の武帝にとっては青天の霹靂《へきれき》であったであろう。寺を建てたり、経を写す功徳はたいへんなことだ、と考えるのが普通だからだが、それに対して、そんなものは何にもならぬ、とやられたからびっくりするのがあたりまえである。

宗教は無功徳であるのが真実なのである。題目を何千回も唱えて御本尊を拝めば幸福になれるとか、念仏を唱えれば極楽に生まれることができる、などというのは真の宗教ではない。そんなものは功利主義の変形にすぎない。真の宗教は何の功徳もないことが、一番大きな功徳なのである。この達磨の「無功徳」の思想こそ、現代にはまったくみられない無相の価値観といえよう。

梁の武帝と気があわなかった達磨は、金陵を後にして舟で揚子江を渡った。これが「蘆《ろ》葉《よう》の達磨」として描かれて画になっている。北へ行った達磨は北魏の都洛陽にやってきた。洛陽の金色輝く大きな寺院を見ても、こんなものはつまらぬといって、やがて嵩《すう》山の少林寺に行った。

少林寺に入った達磨は一日中何もしない。壁に向かって坐禅をしているだけなのであった。面壁九年で脚がなくなったといわれる。そこでみんなは達磨のことを「壁観《へきかん》バラモン」と呼び、気狂いあつかいしていた。

そこへ儒学を勉強していた一人の修行者がやってきて、弟子にして下さいと頼んだが達磨は拒否した。たまたま夜になって大雪となった。しかしこの一人の求道者は雪の中で動こうとはせず、とうとう朝になった。積雪はついに膝を没するようになった。そのとき、修行者は鋭利な刀をもって自らの腕をたち切り、自分の求道の心の切実なることをうったえたのである。達磨はついに弟子入りを許し、問答した結果、悟りを開かせたのであった。その求道者の名前を「慧可《えか》」といい、禅宗の第二祖となったのである。この慧可大師の雪中断臂《だんぴ》の図は、雪舟が見事に画いている。

達磨が少林寺で何一つせず九年間も面壁坐禅をしていたということは、大変なことである。達磨は当時の学者や法師などからしばしば毒殺されようとしたり、批判の矢おもてにたったのである。当時、仏教の真理をきわめるには、お経を勉強したりすることが第一であった。寺を造ったり、お経の研究をするのが一番大切なのだというような風潮のところへ達磨が行ったのだから、迫害されるのは当然であった。

達磨の無功徳の話は禅宗では有名である。この無功徳こそ空の思想の実践であった。合気道を少しばかりやって、喧嘩しても大丈夫だなどと思う人は、この無功徳ということをよくかみしめる必要がある。合気道は少しばかりやっても、まったく効果がないことを知らなければならない。真の大効果とは無効果にある。無功徳にある。このことを達磨はわれわれに教えてくれる。何の役にも立たないことをひたすら続けてゆくと、必ず大きな役に立つことがあるものである。合気道の目ざす精神は無功徳にある。

無功徳の精神が分ると、合気道はどんなことにも生かすことができるようになる。無功徳だからこそいかなることにもその精神が生きてくるのである。日常生活のありとあらゆる動作のなかに、合気道で修錬したことは生きてくる。私は一日の大半を机の前ですごすことが多いが、合気道を始めてから、腕や手で文章を書くという感じがまったくなくなり、「腰で書く」ような感じを習得することができたが、これなども合気道の無功徳の精神が生活に生かされてきたからである。合気道を続けている人は多かれ少なかれ、何らかの意味で合気道が生活のなかに生かされていることを肌で感じているはずである。

春風を切る

鎌倉の円覚寺の開山は中国の宋の禅僧、無学祖元（一二二六―八六）である。この無学祖元は北条時宗の招きによって鎌倉へ来た人であったが、宋の国にいるとき、元（モンゴール）兵の侵略に出会った。無学祖元を捕えた元の兵隊は祖元を切ろうとした。そのとき、詠じた偈《げ》がつぎの有名な詩である。

乾坤《けんこん》孤筇《こきょう》を卓《た》つる地なし。

喜び得たり人空《にんくう》、法もまた空なることを。
珍重《ちんちょう》す、大元《だいげん》三尺の剣、
電光影裏《えいり》に春風を斬る。

この詩の意味は、この宇宙間には、杖一本たてる余地もない。人もものもありとあらゆるものが空《くう》であることを自分は感激をもって悟っている。元兵の降り下ろす三尺の剣を喜んで受けましょう。それはいなずまのなかで、春風を切るようなものだ、というような意味である。

切ろうとする元兵も、切られようとする祖元も空《くう》であり、さらに元兵が降り下ろす剣もまた空である。切るものも切られるものも空であり、そこには切るという動きも、電光が春風を切るかのように何も跡を残すものがない、ということである。

元兵が刀をふりあげたとき、この偈文を詠じて泰然自若とした無学祖元の態度を見た元兵は、ついに祖元を切ることができず、その姿を仰ぎ伏したという。沢庵は『不動智神妙録』の中で、無学祖元のこの偈文を引用しながら注釈を加えている。

それによると、元兵が太刀をひらりと振りあげたのは、稲妻がピカッと光る一瞬にひとしく、禅師の心には打つ刀も切る人も、切られる自分もなかったのである、と説明している。沢庵はいう。

切る人も空、太刀も空、打たるる我も空なれば、打つ人も人にあらず。打つ太刀も太刀にあらず。打たるる我も稲妻のひかりとする内に、春の空を吹く風を切る如くなり。一切止まらぬ心なり。風を切ったのは、太刀に覚えもあるまいぞ。かように心を忘れ切って、万の事をするが、上手の位なり。

切る人も空、太刀も空、切られる我も空であるから、打つ人も人ではなく、打つ太刀も太刀ではなく、打たれる自分も稲妻がピカリと光る一瞬の間に春風を切るように何もあとに残るものがないのである。風を切っても太刀には何も手ごたえがない。このようにすべて空を切るように心を一瞬の間もとどめないことが、なにかをする上で一番大切なことであるという。それは武道だけではない。たとえば舞いを舞うにあたっても、手に扇を取って足を踏むわけであるが、手足を動かして上手に舞いを舞おうと思えば、そこに心がとどまって、ほんとうに上手に舞うことはできないのである。心を捨てきり、無心になって舞ってこそ、上手に舞うことができるのである。兵法を始めとし、能でも茶道でも心を捨てきった無心がその根底になければならない。

花は無心に匂う

沢庵はとどまらぬ心を無心とするが、それを説明するために『金剛経』のつぎの経文を引用する。

応《おう》無《む》所《しょ》住《じゅう》、而《に》生《しょう》其《ご》心《しん》。

まさに住する所なくして、その心を生ぜよ。

沢庵はこのお経の文句を「おうむしょじゅう、にしょうごしん」と読んだといっている。この経文の意味は、どんなことをするにも、しようと思う心が生ずればそのことに心が住まうから、そこに心をとどめないで、しようとする心を起こさせなければならないというのである。何かをしようとする心が起こらなければ、手も動くことがない。しようとする心が生じて、どんなに手を動かし、足を動かしても、そこにとどまることがないのが諸道の名人なのである。心をとどめぬことをすでに第二節において詳細に述べたが、このどこにもとどめぬ心こそが、実は「無心」ということなのである。『金剛経』も『般若心経』と同じく「空」を説いたお経なので、沢庵は『不動智神妙録』の中に「応無所住、而生其心」を引用しながら、無心を説明したのであった。

花や紅葉を見て、それを美しいとどんなに思っても、その思いに心をとどめてはなら

ない。鎌倉時代の僧で、『愚管抄』という名著を書いた慈円（一一五五―一二二五）の歌に、

柴の戸に匂はん花もさもあらばあれ
　ながめにけりな恨めしの世や

というのがある。柴の戸のそばの花はただ無心に美しく咲いて、かんばしい匂いをはなっているのに、自分はその花に心をとどめて眺めているのだなあといって、自分が花の匂いにとらわれてしまっているのが恨めしいことだ、というような意味を歌っている。慈円は、何ものかにとらわれた自分の心を恨めしく思っているのである。

美しい花の匂いをかいで、よい匂いであると思うのは正しい。しかし慈円がいうのは、その美しい花の匂いに心がとらわれてしまうことはよくないというのである。美しい女性《しょう》を見て、ああ美しい方だな、と思うのはあたり前であるが、その美しさに心をうばわれるとき、心は無心でなくなって有心《うしん》となる。その有心というのが執着した心であり、兵法でいえばそれが隙になるのである。

合気道は限りなく気が流れ、身体が動いてゆく武道であるが、まさしく「応無所住、而生其心」でなければならない。心はどこにもとどまることなく、しかも無限の気、呼吸力を発揮してゆかなければならない。無心のなかから気が流れてゆくのである。相手

の動きを見ても、気がそこにとどまってはならない。

万理一空とは―『五輪書』の世界

宮本武蔵が剣の奥義を説いた『五輪書』は、十三歳から二十八、九歳にいたる間、六十余度の勝負を行なった経験をふまえて、六十歳の頃、肥後の岩戸山《いわとのやま》に登り、天を拝し、観音を礼し、仏前に向いながら書かれたものであるが、その中の「空之巻」はつぎのようにいう。

二刀一流の兵法の道、空の巻として書き顕す事、空と云う心は、物毎のなき所、しれざる事を空と見たつる也。勿論空はなきなり。ある所をしりてなき所をしる、是《これ》即《すなわち》空也。世の中において、あしく見れば、物をわきまえざる所を空と見る所、実《まこと》の空にはあらず、皆まよう心なり。此兵法の道においても、武士として道をおこなうに、士の法をしらざる所、空にはあらずして、色々まよいありて、せんかたなき所を、空と云《いう》なれども、是《これ》実の空にはあらざる也。武士は兵法の道を慥《たしか》に覚え、其外武芸を能《よく》つとめ、武士のおこなう道、少《すこし》もくらからず。心のまよう所なく、朝々時々におこたらず、心意二つのこころをみがき、観見《かんけん》二つの眼をとぎ、少もくもりなく、まよいの雲の晴たる所こそ、実の空としるべき也。

二刀流の究極、「万理一空」の理を明らかにしたのが「空之巻」であるが、空という心は「物毎《ものごと》のなき所、しれざる事を空」とみる。『二刀一流極意条々』では「兵法ニハ本来極《きわま》リタル形ナク、全ク無形ナリ」と説明していることからみて、「物毎のなき所」というのは、無形を意味するのであろう。きまった形というものはないのだ。形をきめると形にとらわれるため、如何なる形にも自由に変現できるところを把えて空の心としたのである。「ある所をしりてなき所をしる」ということは「地之巻」に「道理を得ては道理をはなれ、兵法の道に、おのれと自由ありて」とあることと考えあわせるならばおのずと了解せられる。武蔵が把えた空とは、形にはまって形をこえた真の自由をいう。物事の道理をすべて否定し去り、物事の道理をわきまえないことを空と考えるのは卑俗な見方であるにすぎない。空だからといって何もないのではない。武士たるものとしては士の法を知らなければならぬ。武士は兵法の道や武芸をよくよくつとめ、武士の行なうべき道を行ない、心にまようことなく、日々、心意二つの心を磨き、観見二つの眼をとぎすまし、少しのくもりがなく、迷いの雲が晴れわたったところが真の空なのであるという。

武蔵の兵法の究極は「万理一空」を行ずることにある。空は知るものではない。知的にわかるものではない。身体で空ずるものである。『兵法三十五箇条』はいう。

万里一空の所、書きあらわしがたく候えば、おのづから御工夫なさるべきものなり。

空は説明できるものではない。みずから自分が工夫することによって体得、味得すべきものであるのだ。観音が無我の人であるということは、観音は無相に住していることをあらわす。無我とか空ということは、行ずることによって会得できるものである。無常とか縁起とかいう理法は、すべてものを空ずることによって成りたつのである。

流れる気とは―無心

宮本武蔵は無心を「万理一空」というように表現したが、柳生宗矩は「空の心持」といった。『活人剣』下の中で「空の心持」について述べている。

心を一ヶ所にとどめることが病であることはすでに述べたが、この心の病をとり去ったあとに、「唯一《ただひとつ》」のことを見落としてはならないと説いている。その「唯一」のこととは「空」のことである。この「空」というのは秘伝の隠し言葉である。柳生新陰流の立場では「空とは敵の心を云うなり」とあって、仏教の空の解釈とは若干異なる。心は形もなく色もないから空であるというのは、先に述べた『般若心経』の解釈とまったく同じであるが、

空唯一《ただひとつ》を見るとは、敵の心を見よと云う義なり。

という解釈は柳生流独自の理解である。敵の心もまた空なのである。空ということが仏法の眼目であることは、柳生宗矩は沢庵に師事していたためによく知っていた。

さらに、空には虚空《こくう》と真空《しんくう》との二種があることを述べる。虚空の「虚《こ》」とは「いつわり」と読み、「真」とは「まこと」と読まねばならぬと説く。「虚空」とはいつわりの空、むなしき空であり、何もないことをいうのであり、これに対して真空とは真実の空であり、心が即ち空なることをいう。

すべてのことは心が動いてするのであるが、心が動かないのが「空」であるとの解釈は柳生宗矩独自なものである。しかもそれは目で見ることはできない。この空なる心を明らかにすることは言葉や書物ではできない。心を悟った人しか分らないものであるという。

人のさまざまな動作も技もすべて心が動いて生まれるのと同じく、天地にもこの一心

がある。これを「天地の心」と柳生宗矩は読んでいる。天地の心が動くと、雷が起こり、風雨を起こす。この天地の心は天地の主人であり、人の心は人の主人である。舞いを舞えば舞いの主人であり、能をすれば能の主人となり、兵法を行なえば兵法の主人となる。この主人である心が明らかになれば、あらゆる道は自由自在に動くのである。

この主人としての心は虚心ではなく、真心であり、本心であり、道心であり、その心はそのまま空だ、というのが柳生の見解である。これに対して、曲った心、けがれた心を妄心と呼ぶ。本心、真心にかなうように動くのが兵法の進退であり、道にかなう所以である。宗矩は本心と妄心を説明するため、つぎの歌をあげる。

心こそ、心まよはす心なれ
　心に心、心ゆるすな

この歌は沢庵の『不動智神妙録』の末尾にあげてある歌であるが、それを宗矩は引用し、自ら注釈を加えている。この歌は本心（＝真心）と妄心を歌ったものであるという。初めの「心こそ」というのは妄心であり、この妄心が「心まよはす」というから、本心を迷わすのであり、その本心を迷わす心が「心なれ」ということである。「心なれ」の心は妄心を指す。「心に心、心ゆるすな」ということは、本心よ、妄心に心をゆるしてはいけない、という意味である。

兵法においても禅においても、もっとも大切なのがこの本心である。禅では「本来の面目」といい、不生不滅の鏡のような当体をいうのである。『般若心経』の中に「不生不滅、不増不減」とあるのがこの本心なのである。

これに対して妄心は「血気」であり、「私」である。血気というのは血のわざである。血が動いて頭へあがるのである。そのため顔の色がかわり、怒りを発する。身体から時に応じてあらわれる心である。修行の未熟な者はすぐにこの血気があらわれる。血気があらわれるようでは未熟者である。

この妄心＝血気が生ずれば本心は隠されてしまう。妄心は邪気であり、清気ではない。邪心が出れば兵法は負けとなる。弓も鉄砲もあたらなくなる。妄心こそ心の病にほかならぬ。この妄心をとり去ることがとりもなおさず心の病をとり去ることになる。合気道においてもまったく同じく、妄心をとり去り、本心である天地の気をそのまま発揮してゆかなければならない。

沢庵によれば、有心《うしん》が妄心に、無心が本心にあたるという。有心とは文字通り「有る心」で、何事につけても一方へ思いとどまる心をいうのである。これに対して無心というのは、こり固まることがなく、身体全体にのびひろがった心、どこにも置かない心をいう。この無心がすなわち本心なのである。沢庵の明快な説明をつぎにあげよう。

本心と申すは一所に留らず、全身全体に延びひろごりたる心にて候。妄心は何ぞ思いつめて一所に固り候心にて、本心が一所に固り集りて、妄心と申すものに成り申し候。

本心、すなわち無心とは一つ所にとどまらないで、身体全体にのびひろがった心であり、妄心、すなわち有心とは何か一つを思いつめて、一つ所に固まった心をいう。だからといって本心と妄心がまったく別なものではない。身体全体にのびひろがった本心が一つ所に固まると妄心となる。

さらに理解し易いようにいえば、本心は水、妄心は氷にあたる。本心は水のように流動しているが、妄心は氷のように固まっている。水で顔を洗うことはできるが、氷では手も顔も洗うことはできない。氷を溶かして水として始めて役に立つ。それと同じく妄心ではどうにも動きがとれない。自由自在なはたらきができない。これに対して本心は流れる水であり、身体全体にのびひろがっているので円転自在に動くことができる。合気道でいう気とはまさしくこの本心でなければならない。無心ということはこの本心であり、身体全体にのびひろがった気でなければならない。

無心というと心がないと思うのは大きなあやまりである。無心とは心がのびひろがった状態であり、気が全身にみちみちている状態であり、無限の変化と動きを呼ぶものでなければならない。

心、鏡のごとし

無心とは身体全体にひろがりわたった気であることを述べたが、無心を体得した人を道者という。道者とは胸に何ごともない人である。胸に何ごともなく無心になりきっているけれども、どんなことも成すことができる人のことである。無心の境地とは鏡が常に澄みわたって、何の形も映さず、しかも鏡の前に向ったものの形はどんな物でも明らかに映すことができるようなものである。道者の胸の内こそまさしく鏡の如きものでなければならない。

この無心の相《すがた》を別の言葉で平常心《びょうじょうしん》ともいう。この平常心をもって一切のことをする人を、柳生宗矩は「名人」と呼んでいる。どんなことをしても、しようとする心を外にあらわすことなく、何事かをよくしようと思う心もないのが平常心なのである。修行が未熟なうちは、よい技をしよう、うまく動こうと思うからかえってよくできなくなる。稽古をかさねてゆけば、よくしよう、うまくやろう、というような心は遠のいて、どんなことをしても、思わずして無心に、無思に、これを行なうことができるようになる。心に意識したり、執着したりすることがなく、自然に身体も手も足も動いてゆくとき、その名人の心は無心であり、平常心というのである。

兵法において技がきまるのは、無心のときでなければならない。無心というと、一切、心がないのではない。平常心を保つことが無心なのである。

兵法の勝負をするのでも弓を射るのでも、常の心でする必要がある。心がたかぶったり、邪心が起こったり、一ヶ所にとどまったりしたならばこれを行なうことができない。常の心で弓を射ること、常の心で兵法を行なうこと、この常の心を無心というのである。

動転した心、怒った心、勝負を争う心でやれば、兵法は失敗する。常の心、無心の心でやってこそ、真の技を無限に発揮することができるのである。

道者の心を鏡のように保つことが無心になることである。鏡はきれいな花を映しても、鏡自体の価値が増すものではなく不動であり、きたない犬の糞を映しても、鏡自体の価値が減ずるものでもない。どんなものを映しても、鏡はそれを映しながらも自らをかえることはない。鏡こそ真の不動智であり、無心である。

無心というと心がないのではない。あっても動揺しないことなのである。鏡のような心が無心であり、それはそのまま平常心なのである。

合気道の技を行なう場合も、この無心の境地が大切である。どこまでも動揺することなく、一つに固まることなく、流れるように動いて動かぬ心を持たなければならない。それはまた柳生新陰流の剣法の極意とも通ずるものなのである。

柳生宗矩は『活人剣』下の中で、「常の心」をつぎのように説く。

常の心と云は、胸に何事をも残さず置かず、あとをはらりはらりとすてて、胸が空虚になれば、常の心なり。

胸に何事ものこさず、跡を少しものこさないこと、それが常の心であると説く。常の心こそ、無心なのである。人の前で揮毫《きごう》をたのまれたような場合、常の心がなく緊張すれば手が震えてくることや、大勢の人の前で話をすれば声が震えることがあるように、常の心を失うならば、どんなことでもできなくなるものである。禅では「平常心是道」というが、平素の心を失わないことが肝要である。

四　和の哲学

勝負を争わず

合気道は試合をしない。流派によっては試合をするが、原則として試合をして勝負を定めることはない。合気道は勝負を争う武道ではないからである。

沢庵の『太阿記』の冒頭はつぎの言葉で始まる。

蓋《けだ》し兵法者は、勝負を争わず、強弱に拘《かかわ》らず、一歩を出でず、一歩を退かず。敵、我を見ず、我、敵を見ず。天地未分、陰陽《いんよう》不到《ふとう》の処に徹《てっ》して、直《ただ》ちに功を得べし。

兵法者は勝ち負けを競わず、強い弱いもこだわらず、一足も踏み出さず、一足も退かず、いながらに勝つ。敵は真我《しんが》の我を見ることができず、我は敵の人我《じんが》の兵法を見ることがない。この真我の我とは天地が分れる前、父母が生まれる前から存在する我である。この我は自分の中にもあれば、鳥や獣や、草や木など、一切のものにもある我である。この真我は影も形もなく、肉眼で見ることもできない。悟りを開いた人だけが見ることができる我なのである。禅ではこの我を見ることを見性成仏《けんしょうじょうぶつ》というのである。これが沢庵がいわんとする要旨である。

この冒頭の句である「勝負を争わず、強弱に拘らず」というのが、兵法の根本であるとともに、合気道においてもその根本となる和の思想をあらわす。勝負を争そうとどうしても未熟のうちは腕力にたよるようになる。力のある者が勝つというようになる。それでは勝つことと負けることに心が執着し、勝負に心がとどまるために、気の流れをさまたげることになる。それは邪道となり、正しい合気道ではなくなる。

沢庵がここで真我と人我の二つに分けているが、これはすでに述べた本心と妄心にあたる。真我は本心、人我は妄心である。「敵、我を見ず」というのは、敵は我の本心を見破ることができないで、表面の自分だけを見ようとする。目に見える自分だけを見て闘おうとする。実は目に見える自分というのは人我であり、妄心であり、表面の自己である。自分の兵法の技は表面の技にあるのではなくて、深い真我（＝本心）から出ていることを知らないのである。

「我、敵を見ず」というのは敵の人我（＝妄心）を見ることはないということである。自分に妄心がなければ、敵の妄心も見えないのである。ここには自分もなければ敵もない。自分と敵をこえた天地未分、陰陽不到の処を見るのである。それはまた自分の真我でもあり、敵の真我でもある。敵と我とを貫く天地の生命、根源の気を見るのである。根源の気のなかに、敵と我とが包まれているので、敵と我とが敵対して争うことはまったくなくなる。自他一如の境涯がそこにある。

合気道が和の武道である意味はここに求められなければならない。たんに合気道は人と争わず、平和に生きる武道だなどと浅薄な考え方をいうのではない。合気道を行なう場合、勝負にかかわらないのは、自分と他人とが宇宙の生命である真我のなかに包まれ生かされていることを自覚しているからなのである。

この真我を沢庵は「太阿」の利剣と名づける。この「太阿」の利剣は人間、誰にもそなわったもので、具体的には本心を指す。この本心は生まれてからそなわり、死んでなくなるものではなく、不生不滅の本性である。この不生不滅の本性は「本来の面目」といわれるものである。この「本来の面目」は火もこれを焼くことができず、水もこれを濡らすことができない金剛不壊《ふえ》なるものにほかならない。

　この真我（＝本来の面目）を明らめて悟った者には、天魔も外道も怖れて近づくことはないのである。合気道が和の精神にもとづくといって、たんに勝負や闘いをしないのではない。鬼神もこれを避けるような勇猛不退な太阿の利剣があるからこそ、和が成りたつのである。相手と気を合わせるのではなくて、相手と自分はその根本において一つの真我でかたく結ばれているのである。われわれは無知ゆえにこれを自覚していないまでのことであって、稽古の場合、二人が気を合わせるのは、その本源の家郷にかえることを意味しているにすぎない。

　この「太阿の利剣」は本来、誰にもそなわっているものではあるが、長い間の稽古によらなければこれを見出すことができない。自分自身の中に「太阿の利剣」は存在しているが、修行や稽古をしない者には絶対に見えない。沢庵はいう。

> 這箇《しゃこ》を得んと欲すれば、行住坐臥《ぎょうじゅうざが》、語裡黙裡《ごりもくり》、茶裡飯裡《さりはんり》、工夫を怠らず、急に眼《まなこ》を着けて、窮《きわ》め去り、窮め来って、直ちに見るべし。月積み年久しゅうして、自然暗《じねんあん》裡《り》に燈を得るが如きに相似たり。無師の智を得、無作《むさ》の妙用を発す。正与麼《まさにそ》の時、只、尋常の中を出でず。而も尋常の外に超出す。之を名づけて「太阿」と言う。

この「太阿の利剣」を得ようとすれば、日常の立居振舞のなかでこれをきわめなければならない。語っているときも黙っているときも、茶を飲むときも飯を食べるときも、一日一瞬たりとも工夫を怠ってはならない。長い年月の間、絶え間なく不断に工夫をかさねていって、闇夜に灯火に会うように、突然、この「太阿の利剣」を会得するのである。「太阿の利剣」は禅では「般若の知慧」というが、師から教えられて会得した智慧ではなく、自分の中から会得できた智慧をいうのであり、この智慧が会得できたならば「無作の妙用」を発揮することができる。

「無作の妙用」とは、「只《ただ》、尋常の中を出でず。而も尋常の外に超出す」ということであるが、これは達人、名人でないとできない境涯なのである。合気道も特別な気持で、特別なことをやるのではない。どこまでも普段の通りの気持で稽古をすればよい。

ここまではわれわれでもやろうと思えばできるかも知れない。しかし問題はつぎの「而も尋常の外に超出す」ということである。これは普通の未熟のわれわれが平生やっている動作や技とはまったく異なり、平生のすがたを超えでたものでなければならないのである。普段のまま行なっている技が、凡俗の技を超出したものでなければ「太阿の利剣」とはいわないのである。合気道の和の精神をささえるものこそ、この「太阿の利剣」にほかならない。どんなに普段と同じ体さばきであり、四方投げであり、一教であっても、名剣の刃がおのずとそなわっていなければ、合気道とはいえないのである。

自他不二

敵と味方、自分と他人との中を一つに貫くのが「太阿の利剣」であることを述べたが、さらに自分と他人、自分と相手がまったく一つになりきるのが、合気道の和の哲学である。沢庵は『玲瓏集』の中で一遍上人（一二三九―八九）の歌をあげながら、その境地を説明している。一遍上人は鎌倉時代の人であるが、遊行上人《ゆぎょうしょうにん》、捨聖《すてひじり》などといわれ、踊《おどり》念仏を民衆に弘めた時宗の開祖である。

一遍上人の思想と行動のなかにはデモーニッシュなものが秘められており、そのスケールは大きく、日本古来の山岳信仰の背景をふまえ、さらには禅者の境涯と同じような心境をもつ特異なものであるが、この一遍上人があるとき、紀州の由良の興国寺の開山法燈《はっとう》国師にお会いになったとき、「歌を詠みました」といった。法燈国師は「それはどんな歌ですか」と尋ねると、上人は、

となれば、仏も我もなかりけり
南無阿弥陀仏《なむあみだぶつ》の声ばかりして

と詠まれた。この歌を聞いた法燈国師は、この歌がまだ不徹底であり、未熟であると考えられて、「下の句を何とか工夫したらどうか」といわれた。

その後、一遍は熊野に参籠し、二十一日の間、ひたすら工夫を重ねた。そしてふたたび由良に行き、「このように詠みました」といって詠んだ歌がつぎの歌である。

となれば、仏も我もなかりけり
南無阿弥陀仏、南無阿弥陀仏

この歌を聞いた法燈国師は「これこそほんものです」と何度もうなずいたという。

前の歌は後半の句が「南無阿弥陀仏の声ばかりして」であったが、この句では南無阿弥陀仏という声に心がとどまっており、南無阿弥陀仏に執着していることになる。自分も仏もなくなって、何があるのか。ただ南無阿弥陀仏があることになってしまう。法燈国師が前の歌の後の句をもう一度考えなおしなさいといったのは、心が南無阿弥陀仏に執着していることを戒めたのであった。

二度目の歌になると、後半の句は「南無阿弥陀仏、南無阿弥陀仏」となり、南無阿弥陀仏に執着していた心がまったくなくなる。南無阿弥陀仏も「太阿の利剣」となって何もなくなる。南無阿弥陀仏に執着する心もなくなる。父母《ぶも》未生《みしょう》以前の「本来の面目」がそのまま現われている。

自分が真我すなわち「太阿の利剣」と一体となったならば、他人もまた真我と一つになってゆく。かくして自分と相手は真我を媒介として一つになってゆく。まさしく自他不二となるのである。

鏡燈のたとえ——一即多

かずかずの鏡にうつる影見せて
とくはひとつの法の燈《ともしび》

この歌は華厳宗の第三祖、賢首大師法蔵（六四三—七一二）が、武周朝の則天武后に、重重無尽の華厳の哲学を、鏡に映る燈火のたとえで説いた教えを歌ったものである。沢庵もまた『玲瓏集』の中でこのたとえをあげながら説明している。

部屋の周りに数多くの鏡をかけて、その真中に燈火を一つ置くと、どの鏡にも、燈火が一つずつ映って見える。燈火は一つであるが、それぞれの鏡に燈火が映っている。さらにそれぞれの鏡に映った燈火が反対側の鏡にまた映り、互いに無数の燈火を映し出し、互いに映じあって、それこそ無数の燈火が存在しているように見える。

ほんとうの燈火はたった一つであるのに、鏡に映し出された燈火は無数となる。ほんとうの燈火と、映し出された無数の燈火は実は同じものなのである。一の燈火は即ち多の燈火となったにすぎない。

この一の燈火を本心、本来の面目、「太阿の利剣」と見れば、他の無数の燈火は妄心であり、影にすぎない。影がどんなに数多く存在してもそれはどこまでも影であり、無数の燈火は一つのほんとうの燈火に帰着すべきものである。

影は無数にあっても、真実には一つの燈火があるにすぎない。合気道においても、一人に対して二人、三人、四人、五人が技をかけてきても、それらは影であり、たった一人を相手にするのと何らかわることがない。どんなに多くの人がいてもそれは影なのであり、実は一人に帰入すべきものなのである。たくさんの人物を相手にする場合でも、たった一人に帰入させ、帰着させ、平常一人に対するのと同じような技がかけられるならば、合気道に熟達した人といえるのである。このことを鏡燈のたとえがわれわれに教えてくれる。

五　気の哲学

気とは何か

「気」という言葉の使い方にはいろいろある。たとえば「気がある」とか「気が進む」「気が小さい」「気が散る」「気が弱い」「気を入れる」「気は心」など多くの用例を見出すことができる。たしかにこのようにいろいろと用いられる気という言葉には、さまざまな意味があるのである。

それでは改まって気とは何か、というとはっきりしない。気とは呼吸のことでもあるし、心の動きや状態の意味でもあり、気質や根気などさまざまな意味がある。日本の武道や禅においては、気とはどういう意味で用いられているのか、武道の書である柳生宗矩の『殺人刀』の説明を見ながら考えてみたい。

『殺人刀』上は気の定義をつぎのように述べている。

内にかまえて、おもいつめたる心を志と言うなり。内に志有りて、外にはっするを気と云うなり。たとえば、志は主人なり、気はめしつかう者なり。志、内にありて気をつかうなり。気がはっし過《すぎ》てはしれば、つまずくなり。気を志に引とめさせて、はやまり過ぬようにすべきなり。

「志」とは臍下丹田におさまったほんとうの心であり、合気道でいえば「呼吸力」である。この臍下丹田におさまった心が、外に発するとき、これを「気」というのである。「志」と「気」はもともとは同じものであり、沢庵の言葉でいえば「太阿の利剣」であり、「本来の面目」であり、「本心」である。力としてはたらく本心が、柳生宗矩がいう「志」なのである。

柳生宗矩が「気と志との事」という一節を設けて書いたことは、気と志ということが兵法においてきわめて重要な意味をもつことをあらわしている。その要旨は、内にあって凝集した心を志といい、その内にある志が外に発するのが気であるという。それはあたかも志は主人、気は家来の関係になる。志が内になければ気は発することができない。

内なる志が外なる気を使うのである。気をやたらと発しすぎると兵法においてつまずくことがある。おくれをとることがある。外に発する気を志がしっかりと引きとめて、はやまる気をおさえる必要がある、というのが引文の要旨である。

この意味をさらに兵法に即して具体的に述べてみよう。兵法において志は「下作《したのつくり》」のものである。「下作」とは、こころをおさめる所で、腰より下にのみあるもの、といわれるように、腰より下の臍下丹田に心をおさめることである。志とは臍下丹田にみなぎった気のことなのである。

諸事、万事に下の心におさめて、油断なき心持が必要である、といわれるように、あらゆることを臍下丹田でおさめ油断がないのが志である。志を強くひきしめて、気があわてて外に発することを防ぐはたらきをする。合気道のすべての技も、臍下丹田から発する気の流れによって相手を制する。

合気道において相手の気が発する前に、自分の気を発して相手を制することが大切であるといわれるが、柳生流兵法においても「機前」ということが重視される。「機前」とは敵の気が動く直前に敵の機先を制することである。「機」とは「胸にひかえたもちたる気なり」といわれるように、まさに発せんとする気の一瞬をとらえて機というのである。

敵の気の動きをよく見て、その気が発する直前に相手に合わせてこちらの気がはたらくのが「機前」ということなのである。

たとえば合気道の「一教」の技に入る場合、まさしくこの「機前」が生かされなければならない。相手が打ちこむ瞬間、その一瞬前をとらえてこちらが相手の中にふみこまなければ、技は十分に生きてこないのである。相手の気が外にあらわれる一瞬前をとらえるのが「機前」ということなのである。禅ではこの機を禅機と呼ぶ。

つぎに機を如何にとらえるかを述べよう。

間、髪を容れず

沢庵は『不動智神妙録』の中で「間《かん》、髪《はつ》を容《い》れず」ということを説いている。「間、髪を容れず」ということは、一筋の髪を容れるほどの隙間もないことで、きわめて急なたとえを意味する言葉であるが、沢庵はこれを兵法の問題にたとえて説明を加える。

「間」とは物が二つ重なり合った間に、髪一筋の入る隙もないことである。たとえば両手をハタと打った瞬間、ハッシと音が出る。打つ手と出る音の間には、髪一筋も入る隙がないことになる。手を打った後で、音が思案して、それから音が出てくるのではなく、打つと同時に音が出るのである。

これを兵法にあてはめてみよう。相手が打ってくる太刀にとらわれるならば、そこに隙ができ、その隙にこちらの間《ま》が抜けるのである。相手の打ってくる太刀と、こちらの動きとの間に、髪一筋も入らぬようになれば、相手の太刀は我が太刀となって自由自在に動くことができる。

合気道においてもこれとまったく同様である。相手の手や足の動きに気が奪われるとそこに隙ができ、間がぬけて、間合を失うことになる。相手の仕かけてくる技と、こちらの手や足の動きとの間に、髪一筋も入らぬようにする。

それは急流にのって流れる玉のように少しも停滞してはならない。間、髪を容れずに相手の動きに応じてこちらも手足を動かしてゆかなければならない。こちらへ足を動かすとか、手をこっちへやるというような意識が少しでも働いては、間、髪を容れることはできない。意識や意志がその間に介在することはないのである。

石火の機

「間、髪を容れず」と同じ意味の言葉に「石火の機」というのがある。石をハッシと打つや、瞬間、刹那に火がでる。間も隙もないことを「石火の機」というのである。これは誤解してはならないのは、たんに早いということではない。心が一瞬間もとどまらないことである。合気道でいえば、一瞬間も気が停滞しないことをいうのである。たんに早く速くと焦るのではない。合気道でも、稽古のときに技を焦って早くかける必要はまったくない。気が停滞しなければよいのであり、心の動きがとどまらなければよいのである。早く早くと焦れば、そう思う心に気がとどまり、そこに隙が生じるからである。

石火の機とは、たとえば「太郎」と呼びかけると「ハイッ」答えるはたらきをいう。その間には間、髪を容れることはできない。太郎が太郎と呼ばれ、これは自分のことを呼んでいるのだろうかと考え、そうだ、まちがいないと判断を下し、それから「ハイッ」と答えるであろうか。「太郎」と呼べば「ハイッ」とくるのが石火の機なのである。この「石火の機」は「石火の気」といってもよく、気の流れは一瞬もとどまってはならないのである。

機を見ることがどんなに大切なことであるかを、『活人剣』下の中でつぎのように説いている。

一刀とは、刀にあらず。敵の機を見るを、一刀と秘するなり。大事の一刀とは、敵のはたらきを見るが、無上極意の一刀なり。敵の機を見るを一刀と心得、はたらきに随《したがっ》て打太刀《うつ》をば、第二刀と心得べし。

もっとも重要な第一刀というのは敵のはたらき、敵の機を見るのである。その敵の機を見た後に打つ太刀を第二刀というのである。第一刀の極意は刀ではない。それは敵の機を見るのである。敵の気が発する動きを見ることが兵法においてもっとも大切であるという。機を見ることが第一刀で、実際に刀で相手を切るのは第二刀にすぎないのである。石火の機をつかむことが武道の極意であることが分る。

観と見―宮本武蔵と柳生宗矩

観は「観《み》る」であり、見も「見る」であるが同じみるでもそのみ方がことなる。「観」と「見」ということを、もっとも的確に把握したのは宮本武蔵であったろうと思われる。

その著『五輪書』は『日本思想大系』（岩波書店）の中の『近世芸道論集』におさめられているが、あわせて、そこには柳生但馬守宗矩の『殺人刀』がおさめられており、また能楽の家伝書、茶道、花道の家伝書なども一冊になっている。武蔵を読み、また能楽を読んでみると、そこに共通のものが流れているのがわかる。そしてまた道元のものを見ると、中世の日本人が精神の確かなものを持っていたことを考えさせられるのである。そこには現在のわれわれが確実に失ったものがある。

宮本武蔵は十六歳から二十九歳まで数多くの試合をして負けたことがないといわれているが、三十歳のときに刀を捨て、五十余歳で全てを捨てて山へ入り、そして書いたのが『五輪書』である。自分は天道と観世音菩薩を拝して書いたと序文でいっている。剣を捨て勝負をやめた三十歳から五十歳まで何をやっていたかというと、「朝鍛夕錬」というのであるから、刀を振って朝に鍛え夕べに鍛え抜いていたようである。相手と戦うことはやめて、みずからを鍛えあげた。そして「万理一空」ということを悟ったのである。すべての理は空であるということが、『五輪書』の根本の思想になるわけで、仏教の空と似ているようであるが、また似ていない面もある。

『五輪書』がなぜすばらしいかというと、自分の言葉で書いているからである。仏教や儒教、あるいは武芸、武道の家伝書から術語はとってきているが、どこまでも自分の言葉で書いたものである。仏教学者は、仏教の術語を駆使して話すことはするが、自分の言葉でしゃべるのは容易ではないのと同じで、やはり六十年、七十年、八十年と生き抜いた人でないとそれはできない。

「観」ということについては、「心意二つの心をみがき、観見二つの目をとぎ」とある。同じ「みる」であるが、見ることと観《かん》ずることを分けている。そして、「少しもくもりなく、まよいの雲の晴れたる所こそ、実の空としるべき也《なり》」といっている。「観の目」と「見の目」を分けているのはどういうことかというと、「見」というのは目もとで見ることだというのであり、「観」というのは心で観《み》ることで、仏教の言葉でいえば観智のことであるというのである。

われわれが普通見るのは、「見」の目で見る。聞くこともそうであるが、われわれの目や耳というのは自分の好きなことはよく見えるし、またよく聞こえるというだけで、それは全部おれがおれがという我見にすぎない。エゴで見聞きしているわけである。だかられわれわれは、目も耳も確実に客観をとらえていると思っているが、それはとんでもないことである。どんなに見えても聞こえても、関心がないことは目に入らず、耳に入らない。そうなると、見るとか聞くとかいうことも、けっして正しく行なわれているとはいえないわけである。

柳生流においても、この観と見とを問題とする。『活人剣』下では、
目に見るを見と言い、心に見るを観と言う。

と端的に定義する。「観」についてはきわめて重要であり、古来から武道では、「観は心で聞く」という。昔の人が「観は心で聞く」というのがおもしろい。普通は聞くというと耳で聞くのであるが、心で聞くのが観なのである。心は臍下丹田にある。この丹田で相手の気の動きを聞くのである。聞くのであるから目で見る必要はない。だから当然目はふさいで見ることになる。内なる丹田で見るのである。内なる心で相手の動きを感じ見るのが観なのである。観は「志」で見るのであり、「本心」で見るのである。しかも心を一ヶ所にとどめないで見ることはすでに説明した通りである。観は相手の動作を見るのではない、相手の気の動きを見るのである。相手の動作を見るのは「見」にほかならない。

合気道においても、観の目と見の目をはたらかさなければならない。臍下丹田にあつまった心（本心）で相手の気の動きの全体を見るのである。強いていえば「へそ」で見

るのである。目で一ヶ所を見るのではなく、観で全体をそのまま把握するのである。呼吸力が発するもとも臍下丹田であり、観の目も臍下丹田についているのである。

観の目がはたらくようになるのは一朝一夕ではできない。長い間の朝鍛夕錬の結果、臍下丹田で見えるようになるのである。心で見るのが根本であり、目で見るのは心の見た後でなければならない。心で見るのは目で見るためであり、心で見る鍛錬をする必要がある。

六　稽古の哲学

心と技の修行

臍下丹田にある心が大切であることをこれまで説いてきたが、修行の面でもこの心の修行が重視される。

沢庵は修行を二つに分け、理《り》の修行と事《じ》の修行という言葉を用いる。理の修行というのが心の修行のことで、何ものにもとらわれず無心なる道を究めつくすことである。それは禅者が道を究めるのと同じような苦修練行を必要とするのである。

沢庵は心を無にすることが、どんなに難しいことかを説いている。そのなかで古歌をあげる。

思はしと思ふも物を思ふなり
　思はじとだに思はしやきみ

何も思うまいと思うことも、すでに物を思うことになっており、思うまいとさえ思ってしまっているではないか、というような意味であるが、何も思ってはいけない、と一途に思っているほど、無心になることは難しい。無心になることは心を捨てることである。「物を聞けども聞こえず、見れども見えざる」修行をしなければならない。

どんな武道においても精神面の修行が大切であり、合気道においてもそれは例外ではない。沢庵が理の修行、すなわち根本の修行といったのは、まさしくこの修行のことなのである。

精神を一ヶ所に徹底的に集中することは大切である。心の修行はまず集中力の涵養から始めなければならない。精神の集中は大極拳などにおいても、手や足の指の先端に意識をぎりぎりに集中しなければよい技は演ずることはできないし、合気道においても相対する場合、手の指の先端に気が充実していなければ構えにはならないのである。

精神を集中することは修行の第一歩であるが、集中して乱さないような習練を積むと同時に、長い稽古の歳月をへるとともに、心をどこにでも捨てられる自由自在の境地に達しなければならない。先に述べた「応無所住、而生其心」の境地がそれにあたる。沢庵がいう理の修行とは、まさしくこの無心の修行でなければならない。

理の修行は心を引きとどめて一ヶ所に置かないことで、「放心」ともいう。心を放って一ヶ所にとどめない修行である。それを別な言葉でいえば、「退転せずに替《か》わらぬ心を持て」ということである。退転しない心とはかわらない心、どんなことがあっても、どんな勝負に臨んでも、動転しない心である。禅者はそれを常の心ともいう。

禅の言葉に「前後際断《ぜんごさいだん》」というのがある。前の心と後の心を一つ一つ切断せよということである。前の心を捨てないで、後の心にそれを残すのはよくない。前と今、過去と現在との間を切断せよ、ということである。一念、一念を捨て去ることである。凡人にはこれはできない。悟りの境地にある者にとって可能な境地ではあるが、われわれ凡人もその意のあるところを汲みとりながら、理の修行、心の修行にとりくまなければならない。

事の修行というのは技の修行である。柳生流でいえば、手裏剣、水月、神妙剣などのそれぞれにさまざまな技法があり、その数多くの技法を習得してゆかなければ兵法の修行にはならない。理の修行だけではだめであり、事の修行を極めることによって太刀の扱いや身のこなしが自由にできるようになる。しかし技術だけをどんなに修得しても、心の修行がなければ、大事のときに身をあやまることになる。

この理の修行と事の修行とは、車の両輪のように相伴ってなされなければならない。合気道において呼吸力の鍛錬は理の修行であり、技法の習練は事の修行にあたる。この二つの修行は互いに相伴っているのであって、けっして別なものではない。

大機大用の人とは

大機大用というのも、もとは禅の言葉であるが、『活人剣』下においては「大機大用」という一節をもうけて、これを兵法の立場から詳述している。

物には体と用《ゆう》がある。たとえば弓術でいえば弓は体であり、矢をつがえて引くこと、射ることとは弓の用である。剣術でいえば、刀は体、切るのは用である。合気道でいえば臍下丹田の気＝呼吸力が体で、技法は用である。

体がなければ用はない。体は気であり機である。この体と用がきわだって勝れていることを大機大用という。大機がなければ、大用はあらわれない。大いなる気の充実がなければ、大きな技はかけることができない。大気がなければ大用はあらわれない。大気の充実のための理の修行が如何に重要であるかが分る。

機（＝気）が熟さなければ、用はあらわれない。機が熟して始めて用があらわれる。気が身体全体にのびひろがり、手にも足にも目にも耳にもゆきわたったとき、それぞれのところにおいて大用が発する。大きな技が動く。

大いなる気とそのはたらきが円転自在に動く人を大機大用の人という。合気道の開祖の植芝翁はまさしく大機大用の人であった。大機大用の人はその目つきが常人と異なる。身のこなしの一挙手一投足も常人ではない。大機大用の人の目で一目にらまれたならば、この眼差しに心をとられて太刀を抜く手を忘れ、茫然として立っているしかない。猫ににらまれた鼠のようになる。

大機大用の人には型や規則は一切あてはまらない。大機大用の人はそれらの型をはらりと捨てて、自由自在に動くことができる。この大機大用の人になることが兵法の修行の目的でなければならない。

大機大用の人を「通達の人」ともいう。『太阿記』はいう。

夫《そ》れ通達の人は、刀を用いて人を殺さず、刀を用いて人を活かす。殺さんと要せば即ち殺し、活かさんと要せば即ち活かす。殺殺三昧《せっせつざんまい》、活活三昧《かっかつざんまい》なり。

大機大用の人は刀で人を切りはしないが、達人の前にゆくと、相手は全身がすくんで死人と同様となってしまうので、あえて殺す必要がなくなる。また刀で相手をあしらいながら、その動きを眺めるほどの余裕がある。相手を殺すも活かすも自由自在であるという。大機大用の人こそ通達の人であり、合気道の理想像でもある。

不断の修行―正受・白隠・葉隠

大機大用の人になるためには、禅者であろうと兵法者であろうと合気道を学ぶ者であろうと、その全生涯をかけた何十年の修行がいる。少なくとも三十年の修行がないと、その深奥を見ることができない。理の修行にしろ、事の修行にしろ、その道を究めることは大へんなことなのである。

臨済宗の中興開山である白隠禅師の師匠は正受老人《しょうじゅ》であるが、正受老人は江戸で修行した後、生まれ故郷である信州飯山に帰り、正受庵という庵をたててそこに隠棲した。庵内には物もなく、質素な身なりのまま、終日坐禅し、ただ聞こえるのは咳声のみという。庵にいること四十年、刻苦修行した真箇《しんこ》の禅者であった。一口に四十年というが、四十年の歳月、信州に隠れ、坐禅工夫したということは容易なことではない。ある程度修行すると、京都や鎌倉の五山へ住職し、紫衣を着ることを望むのが普通の坊主だ。

正受は七十歳になったとき、みずから過ぎ去った年月をかえりみて、ようやくここ五、六年になって正念工夫をつづけることができるようになったという。修行とは容易なことではないのだ。現在の世の中では、わずかの修行、ほんの少しかじっただけで厚かましくもプロの顔をするのが何と多いことか。

この正受には狼と坐禅をしたという逸話がある。正受庵の下の楢沢村にたくさんの狼が出没して、村民を害することを聞いた正受は、狼がもっとも多く集まる村の火葬場で坐禅し、七夜にわたって自己の行力をためした。狼は正受のまわりに集まり、二、三匹つらなって頭上を飛びこえたり、喉のあたりを嗅いだり、あるいは背中を突いたり、手足や耳鼻に鼻をつけたりした。正受はこの間少しも動揺することなく、七夜にわたって正念相続したという。

自己の道行の強弱を自ら試したのだ。狼に食われるかも知れない危険のなかに自らをかけたのであった。すさまじい気魄が狼を圧倒したのである。天地崩るるとも動かすあたわざる磐石の坐禅はまさに天地そのものになりきっていたのだ。そこには狼もなく、正受老人もない。寂《せき》として声なきなかに狼の鼻息のみ。『葉隠』の言葉でいえば「純一無雑、打成一片《だじょういっぺん》」の風光である。修行とは成りきること、没頭することでもある。禅宗に「相続不断」という言葉があるが、これは「長い間」「絶え間なく」継続することにほかならぬ。

白隠も若いとき、禅に失望して、詩文にふけった時期があった。ある日『禅関策進《ぜんかんさくしん》』という禅の書物を読み、「引錐自刺《いんすいじし》」の章に至り、忽然として自分の非を悟り、坐禅に励むようになった。「引錐自刺」というのは、中国の慈明《じみょう》という和尚が坐禅中眠くなると、錐《きり》をもって自らをつき刺したという故事である。夜坐をしていて眠たくなれば眠ればよいではないかと考えるのが現代人であるが、真の禅者は自分で自分を律したのである。

『葉隠』は、

修行においては、これまで成就《じょうじゅ》ということなし。成就と思うところ、そのまま道に背くなり。

といっている。修行には完成はない。これでよいと思ったならば、そこでストップである。何と恐ろしいことではないか。修行は一生不断に行なうしか手がないのだ。これでよいと思うなというのだ。修行とは無限の向上（向下）かも知れない。

禅と合気道

禅と合気道とは一体どのような関係があるのかを、最後に述べてみよう。まず第一には精神の集中、意識の統一において共通する要素を持つ。禅もとくに臨済禅の修行においては、意識を集中し、極度に一つに集中したあげく、いわゆる意識を打破して、超意識の世界に没入、見性の体験を得る。合気道が意識を集中するといっても、それはむしろ無心になって行ずるといった方がよいであろう。何か考えごとをしていたのでは大極拳や合気道は十分にその技を発揮することはできない。無心になり、一切の俗事を忘れてこそ十分に技を発揮することができる。

合気道の準備の技に、立ったまま両手を前に組みあわせて瞑目し、意識を統一する技がある。この技は精神を安定させるのに大へんに役立つ。師範の説明によると、この技を行なうときに開祖の植芝先生は、観音さんでも富士山でもよいから、一つのものを意識に浮かべ、それに全精神を統一するようにするのがよいといわれたとのことである。

この準備運動をやっていると次第に心が落着き、統一力が得られるようになる。これは坐禅によって意識を統一するのとまったく同じといってよい。合気道のこの準備運動はまさしく立禅と呼ばるべきものである。

第二に、合気道の技はけっして腕とか脚だけで行なうのではない。それは腰によって行なうのである。腰で行なうということは、あらゆる技が丹田から発する気で行なうことを意味する。合気道の呼吸法とはまさしくその典型である。

禅の数息観もまた丹田呼吸を鍛錬するものである。呼吸を数えながら丹田から発する呼吸力をつける。合気道の呼吸法と禅の数息観と、原理はまったく同じであるといってよい。しかもそれはちょっとやったくらいではまったく生きた力にはならず、二、三年やってやっとコツがのみこめるようになるものである。この点も合気道の呼吸法と禅の数息観は一致するものといえる。

第三にこのように精神の集中力を鍛錬したり、全身とくに腰の動きによって行なう合気道は、さらに技が円熟するに従って、「合気」という意味を体得できるようになる。それは宇宙の生命である気の流れと、自分の気が合一することである。たとえばおさえ技をするとき、自分の腕で相手の腕をただおさえつけるのではなく、自分の全身心を挙げて、相手の腕を大地におさえつけることができるようになる。それは腕に力をいれたのではけっしてできない。あらゆる身体の力を抜きながら、大地をおさえて微動だにしない磐石のおさえが必要なのである。

禅では自己と万物とが同一であることを説く。中国の禅者は、悟りの究極においては万物と自己との一体感、自然と自己との一体感を悟ることを究極の目的においている。自己になりきることが、とりもなおさず宇宙の生命と一つになることである。道元が坐禅というのは、仏道の真只中によって坐禅をするのであって、自分が坐禅をするのではない、といっているが、ここで道元が仏道といっているのは、宇宙の生命そのものなのである。道元は宇宙の生命＝仏の命に自己をなげこんでこそ本当に道を体得できるといっているが、合気道の開祖の植芝翁は、京都、綾部の山中において宇宙の霊気を感得された不思議な体験をしており、それは禅の悟りと一脈通じるものである。宇宙の生命と気を合一させる合気道の真髄は、まさしく万物と一体となる禅の境地とまったく相通ずるものがあるといえよう。

第四に合気道と禅と共通するところは、朝鍛夕錬の修行によって得られた自由自在な境地である。合気道の極意は円転自在の円運動にある。それは一瞬も停滞することがない無限の円なのである。その一瞬一瞬、無数の中心をもつ円運動の連続なのである。禅においても一円相を画いて禅の極意を表わした禅者がいたが、禅の悟りの境地は自在の心境にある。自在の心境とは何ものにもとらわれない境地なのである。沢庵の言葉を借りるならば、心をどこにも置かないことなのである。合気道の境地と禅の境地とは円転自在の境地において、まったく同一なるものを目ざすものである。

このように禅も合気道も究極においては無心の境地に達するものである。この境地を山岡鉄舟は「無敵の至極」と称した。

剣法のぎりぎりは「無敵」とならなければならない。「無敵」とは優劣があってはならない。優劣を生むのは心なのである。われわれが優者に立ち向かうときには心の動きが止まり、太刀は抑えられて十分に動きがとれない。それは心が相手を意識するため、自分によって心の動きが抑えられ、そのため太刀が思うように動かなくなるからである。その反対に、劣者に向かうときには心は伸びやかに八方にひろがるために、太刀もまた自在に動くようになる。

右のように剣法では心が一番大切なのである。数十年も苦行しても、ただ身体の動きと太刀の運びだけに気をとられているならば、それは「無敵」の極致を得ることができない。

山岡鉄舟の剣法を無刀流というのは、心の外に刀をおかないことを無刀というのであり、無刀とは無心ということなのである。無心とは沢庵禅師がいうように、心をまったくどこにもとどめないことなのである。心をとどめるからそこに敵があり、心をとどめなければ敵はない。孟子がいう「浩然の気が天地の間に満つ」というのが、無敵の至極である。「浩然の気」とは合気道の四方に遍満する気であり、禅でいえば禅機となる。禅機から発する気の力は劣者を完全に包みこみ、その力を無力にさせるほどのものをもっている。鈴木大拙博士が青年時代に始めて鎌倉の円覚寺の今北洪川老師と相見したとき、老師の眼光を見た一瞬、身体がちぢみあがったことを述懐されたとおりなのである。剣法も合気道も禅も、優者に対しては心が自在に動かず、無敵の境地が得られなくなるのも同じである。無敵の境地を得るには朝鍛夕錬の修行にのみよる。剣法の無敵は禅の無心であり、合気道の合気となる。静の禅、動の合気道こそその究極において一つであることを知らなければならない。

天道流合気道の理念

宮本武蔵の『五輪書』の冒頭に、この『五輪書』を書いた因縁を述べて、

今、此の書を作るといえども、仏法儒道の古語をもからず、軍記軍法の古きことをももちいず、此の一流の見たて、実の心を顕す事、天道と観世音を鏡として、十月十日之夜寅の一てんに筆をとって書初るもの也。

といっているように、武蔵は『五輪書』を書くにあたっては、仏法や儒教・道教の言葉を借りることなく、兵法の言葉を用いることなく、武蔵の体得した剣法の真実の心をあらわすため、天道と観世音を鏡として書いたのであった。天道とは天の道であり、天の道理である。それは生成する宇宙の生命でもある。観世音とは自観音である。観音とは自己の奥底にある真実の自

立花大亀筆（天道館所蔵）
（立花老師は大徳寺如意庵住職。花園大学学長）

己であり、清浄な真心である。それは永遠不滅な心の本性である。宇宙の生命、天の理と自己の奥底にある真実の心を鏡として書いたというのである。

先に述べた鎌倉の円覚寺の管長であった今北洪川の『禅海一瀾』はつぎのように説く。

> 天と曰い、仏と曰う。道と曰い、性と曰う。明徳と曰い、菩提と曰う。至誠と曰い、真如と曰う。一実多名なり。その物為《た》るや、天地に先立ちて生じ、古今に亙《わた》りて常に現在す。その体を論ずれば、則ち妙有《みょうう》真空《しんくう》、円明寂浄《えんみょうじゃくじょう》、広大にして思議すべからざる者なり。

儒教では天、明徳、至誠と呼んでいる当体そのものを仏教では仏、菩提、真如というのであって、その当体である宇宙の生命をさまざまな名で呼んでいるのにすぎないのである。その当体たる天、道、仏は天地が生まれる以前から存在しているものであり、不生不滅なものである。それはどこまでも空なるもの、寂《じゃく》なるもの、清浄なるもの、円満なるものであり、しかもあまりにも広大であり深遠であるため、われわれの知性のはたらきによってはとらえることができないものであるという。

この広大にして深遠な宇宙の生命である天道は目には見えない。しかしこの天道をわれわれ人間が自らのものにするにはどうしたらよいか。それを明らかにするため、二宮尊徳の言葉を引用しよう。

天は明らかにして私なしと云《いえ》り。私なければ誠なり。中庸に「誠なれば明らかなり。明らかなれば誠なり。誠は天の道なり。之を誠にするは人の道なり」とあり、之を誠にするとは、私を去るを云、則ち己に克《か》つなり、六《むっ》かしき事はあらじ。其理よく聞えたり。（『二宮翁夜話』）

これによると、『中庸』に「誠は天の道なり」とあるように、天道とは誠でなければならない。その誠を人の道にあらわすところに人間の修養がある。二宮尊徳は誠にするとはどういうことかというと、それは「私を去る」ことであるという。「私を去る」とはどういうことか。それは「己に克《か》つなり」である。己に克つことが天道を生かすことなのである。

己とは妄心をもった自己である。怠惰な自己である。雑念にみたされた自己である。小さい自己である。この自己をたたき破り、清浄な自己、無心なる自己、真実の自己になりきることが、天道を自らのものにすることである。

天道流合気道では、この「天道」の精神をその根本の教えとしている。他人に勝つのではなく、「己に克つ」ことを修道の心がまえとし、天道を自らのものとするため、誠の心をもって朝鍛夕錬している。誠の心とは不断に稽古を継続する精神であり、克己と精進（継続）こそが天道流合気道の修道の根本でなければならない。

克己と精進の精神こそ、頽廃と混迷を深めている現代に生きる武道の精神として、未来を切り開く大いなる力を持つものと信じる。

〔付記〕

第一部「合気道の哲学」を書くにあたり、渡辺一郎氏校注の「兵法家伝書」（『日本思想大系』『近世芸道論』岩波書店刊）および市川白弦氏『沢庵不動智神妙録』（『禅の古典』講談社刊）を参照させて頂きました。記して感謝の意を表する次第です。

第二部　合気道をめぐって

鎌田茂雄
清水健二

清水　本日はご多忙の先生が私と対談して下さることになりまして、有難く存じます。私もこの機会に教えていただきたいことがございますので、どうぞよろしくお願いいたします。

鎌田　私は合気道を師範から親しく学ばせていただき、次第に興味をもつようになったことを感謝しております。今日はいろいろと合気道についてお尋ねしたいと思います。

それではまず最初に、合気道の歴史から伺いたいと思います。

清水　もともと武術は、戦国時代という特殊な社会環境の中に生きる武士の闘争手段として発生し発達したものです。それが多くの優れた武術家の苦心によって技術が高められ、また高度な道徳的精神をも備えて、日本文化の一つの代表に数えられるほどになってくるわけですね。この優れた日本武術の中の一つである大東流合気柔術が、今日、合気道として伝承されてきたのですが、合気道としての形を成したのは、まだ歴史が浅く昭和初期、故植芝盛平翁(一八八三—一九六九)によってであります。

さて、合気道の源流をみれば、もと源家より伝わり会津藩に伝え残され、藩内で五百石以上の藩士にのみ極秘武術として指導されていたそうで、その会津藩の武田惣角師に師事されたのが、植芝盛平先生であるわけです。

植芝先生は、他の武術の優れた面をも加え、更に充実した武道として、合気道を創始されたと聞いております。

鎌田　師範は植芝先生に内弟子として七年間つかれ、修行されたわけですが、植芝先生の内弟子の頃、一番感銘を受けたのはどういうことでしょうか。

清水　一番感銘を受けたのは、気力の偉大さです。私が入門したとき、大先生は七十四歳でした。一般的に考えれば、武道では七十四歳ではどうにもならないと思うのですが、そのお年にして猛烈な気力を発揮しておられました。

大先生はよく、「六十歳を過ぎなければ気力充実は無理だ」といわれていました。いま思えば、六十歳から八十歳までの二十年間、気力充実した生活を送られたわけですから、最高の人生ではなかったでしょうか。

鎌田　それでは、合気道とはどんな武道かについてお聞きしたいと思います。

清水　技法の面では実際に見ていただくことが一番お分りいただけると思うのですが、言葉での説明は、なかなかむずかしいですね。合気道は、その名称通り「気を合する」と書きますが、「気合」とは全く異なります。

合気道は自分の気に相手を吸収するということです。したがって、気の鍛錬養成が必要になってくるわけです。

鎌田　合気道には一体、どんな技があるのでしょうか。

清水　合気道の技は、投げに始まり、極《き》め、固《かた》め、抑《おさ》えと多彩であり、それに加えて、古流より

左：鎌田茂雄　右：清水健二

伝わる武器の技術をも含んでおります。特に極めるまでの崩しが主目的となっています。

鎌田　合気道では関節技をよく用いるとうかがっていますが、合気道の関節技の特色はどういうところにあるのでしょうか。

清水　合気道の関節技は逆技のように思われがちですが、決してそうではありません。順手（曲がる方向）の方へ極める技がほとんどですが、しかし順手といえども限界を越えれば自然に体全体がその方向へ崩れることになります。したがってこのように生理的弱点を攻める技は、小柄な人でも稽古によって大きな人をも投げ抑《おさ》えるという妙味を発揮することが可能です。このあたりが他に類を見ない合気道の技の醍醐味といえるでしょう。

鎌田　合気道では体さばきということをよくい

いますが、それはどういうことでしょうか。

清水　合気道での体さばきは剣からきており、したがって合気道が稽古時に袴を着用するのもお分りいただけるでしょう。剣の理合を体術に活かした面が多く感じられる合気道は、剣術が「斬る」、槍術が「突く」ことに本質があるならば、合気術は「極める」「投げる」と「抑える」ことに本質があるといえます。

鎌田　それでは、合気道の稽古法で一番の根本は何でしょうか。

清水　呼吸法（すれ違いの呼吸）と体さばきに尽きると思います。この呼吸法はすべてのことに共通すると思われます。

また精神面においては、冷静さ、備えの心が養成されるような稽古法が大切です。備えの心を忘れずに稽古を重ねれば、周囲の殺気を読む力が必ずや磨かれてくるものです。

ところで殺気といいますと、武芸小説によくあることですが、あの侍は殺気を感じさせる、大変な剣の使い手だろう、などと書かれていますが、私は全く逆だと思います。真の修行のできた者は、顔も柔和になり、殺気は決して外へは出さず、逆に殺気に対して洞察力にたけてくるものでしょう。

鎌田　呼吸力を鍛えるためには、どういう心がけで稽古に励んだらよいでしょうか。

清水　呼吸力を向上させるということは、合気道の稽古においては進歩することと同一なのです。ですから、ことさら呼吸力のみを意識して稽古をする必要はありません。合気道の稽古者が真に心がけなければならないのは、「真剣味」を持って稽古することです。進歩するためには、「備えの心」を常に忘れぬよう心がけることが肝心です。ここで述べています「真剣味」「心の備え」とは、初心を忘れずに継続する態度が必要ということです。

この真剣さを激しさと混同している人がいます。例えば車の運転を例にとってみましょう。一般的にいって、運転は長年続けている人ほど上手です。それは、運転中に気を許すと危険なため、自然に真剣味を保っているからです。そしてその真剣さが、一層運転を上達させるのです。長年の経験をもっている人が上手なのは、そのためです。それは「真剣さ」の問題なのです。これは何事にも通じることだと思います。

合気道の稽古も全く同じことがいえるのです。その真剣さをもって継続すれば、間違いなく心・技・体の進歩が望める筈です。自動車の運転と同じように、合気道でも歩く体力があれば、稽古が始められます。人は毎日、自分の体のほとんどを気分で動かしています。肉体を気分で支えているといっても過言ではないでしょう。その気分をしっかり鍛えることが大切なのです。

鎌田　合気道と柔道とはどのようにちがいますか。

清水　柔道は、やはり古流の起倒流柔術を中心として、嘉納治五郎先生によって創始された武道で、合気道は先ほど述べました通り、大東流合気柔術が基をなしている武道です。このように柔道と合気道が古流柔術を基として伝承されてきた武道であるにもかかわらず、その技法は著しい違いを見ます。

まず柔道が求心的動きなのに対し、合気道は遠心的動きが主体となっています。また柔道が組み合ってから技《わざ》に入るのに対し、合気道は組み合わず、間合いをとり、相手の攻めに応じた呼吸技及び関節を利用した投げ技、極め技が主です。柔道は競技化を採用したために、禁止された技が当然あります。それは、当て身技、関節技（肘を除く）です。これは競技上危険防止のため止むを得ないことですが、合気道では古流の稽古法を継いだ形の反復稽古を今日まで継承しておりますので、禁止技はなく今日に至っております。

鎌田　一撃のうちに相手を倒す空手は大へんに勝れた攻撃を主体とした武術でありますが、空手と合気道とはどのようにちがうのでしょうか。

清水　合気道の当て身技は、空手の「当て」とは使用法が根本的に異なります。空手が当て、突き、蹴り、と一撃破壊の術なのに対し、合気道の当て身は極《き》めるまでの過程において、相手の気をそらすための仮り当てをも含みます。また相手の体勢の崩れに乗じて、手、肘で衝撃を与えるわけで、空手のように手、拳の部分を固いもので鍛えるということは必要ありません。

鎌田　ところで合気道が他の武道と一番ちがうのは、試合をしないということだとお聞きしましたが、合気道が試合をしないという意味は何でしょうか。

清水　合気道に大きな影響を与えた大東流合気柔術は、もともと試合をしないで、型の反復をすることを稽古としていたのですが、その流れをくむ合気道も試合をいたしません。大先生（植芝盛平先生）は、もし試合をするなら真剣で勝負をするのであって、競技としてやるのは邪道であるといっておられました。合気道が試合をしないのは、不断の稽古が試合であると考えて、稽古そのものを真剣勝負の気持で行なうということだからです。

なお、関節技が多いので、試合をすると大きな危険をともなうことも、一つの理由です。試合をしないために危険な技法を自由自在に行なうことができるので、合気道の技には他の武道に見られない流麗な、しかも武道の極致をきわめた技が見られるのです。

鎌田　合気道を私のような年輩者が行なうということを、師範はどのようにお考えでしょうか。

清水　合気道は歩く体力があればできるのです。若さでできるうちは別でありますが、自分に合わない無理はしてはいけません。相手に対しても、相手の体力を無視した稽古は戒めています。継続によって段階を経て進歩することを最上だと考えております。

鎌田　ところで現在、この天道館には沢山の女性が入門して稽古に励んでいますが、合気道は女性にとってどんな魅力があるのでしょうか。

清水　女性が合気道をやると美人になるといわれますが、化粧をして美しくなるのとは意味が違っても、確かにその通りだと思います。稽古を通して、次第に精神が鍛錬され、強い意志や行動力が養われ、顔や動作に美しさとなって現われてくるのでしょう。
また合気道は試合をしない武道ですから、それが体力において男性よりも劣っている女性でも年輩者でも入門できる理由だと思います。もちろん合気道の稽古をしていれば女性も武道者として強くなり、男性に襲われても簡単には負けないようになります。
現在、天道館では朝稽古にも女性が参加しています。熱心な方は週三回、冬でも休むことなく稽古を続ける方もいます。合気道では女性も男性もまったく平等であることをはっきりといいたいと思います。

鎌田　年齢や性別に関係なく、どんな人でも稽古ができるということはとてもすばらしいことだと思います。
それでは合気道の稽古をこれから始めようと思う人に何かその心構えについてお話しいただければと思います。

清水　合気道では心と身体との相関関係を活かす稽古を大切にします。稽古法は相手と自分の呼吸を合わせ、体さばきで一つの流れにもってゆくのです。この動作を初心者のうちは、ゆっくり、何度も反復して行ない、上達とともに動きを早くしてゆくのです。合気道の技のすべては、この呼吸が基本となっています。むずかしい動きは時間をかけ継続することにより、忍耐が養われ、集中心が磨かれます。

例えば、階段をまとめて四、五段ずつ昇ろうとすれば、長い段は途中息切れし、挫折することは分りきっています。一段一段地道に昇るのが確かな進歩をもたらすという至極簡単な論理が理解されず、武道であれば一気に強くなろうとして先を急ぎ、うまくいかないので二、三ヶ月足らずであきらめる。ものごとがそう簡単に運べば、人生苦労はないのでしょうが……。〃継続は力なり〃。この言葉を肝に命じたいものです。これは、合気道を始めるにあたって、一番大切なことです。

鎌田　合気道の稽古を続けていくと、身体や心によい影響があると思いますが、そうした合気道の効果についてお話し下さい。

清水　合気道を始めて一年ぐらいたてば、生活において身を守るための能力が発達してくることに気づきます。個人差があるにしても、これは確かなことです。生まれたばかりの赤ん坊が、一年たてばよちよち歩きができるのに似ています。一年たって基本的な動きができるようになればしめたもので、次の欲が出てきて一層上達するものです。また合気道は人間にとって大切な慈悲の心を育てます。

合気道の技は相手の暴力のみ制する。このことは合気道が、命を助けるという人間愛にたった武道であればこそいえることです。また合気道の動きは、天地自然の理に適った美しさのなかに鋭さを秘め、品位の高い武道といわれます。
開祖の植芝盛平先生がよくいわれた言葉に、〝力は有限、気は無限〟〝気力を養成せよ〟〝気は力の根源〟などがあります。その言葉通り、植芝先生のその気力、呼吸力の凄さは、なんとも驚くばかりでした。

開祖の若かりし頃、柔道創始者であられる嘉納治五郎先生が、植芝盛平先生の演技をご覧になり、「これぞ私が理想とした武道である」と感嘆され、晩年の優秀な内弟子二人（望月稔氏、武田二郎氏）を植芝盛平先生の元へ弟子入りさせられた話はあまりにも有名です。現在でも望月稔先生は、静岡県向敷地において、ご壮健で柔道、合気道の指導をなさっています。

気といえば挨拶用語に「お元気ですか」と申します。「健康ですか」とはあまり申しません。ここで〝元気〟と〝健康〟の違いを『広辞苑』によって比較してみますと、元気とは、(1)天地間に広がり、万物生成の根本となる精気、(2)身体を支持する勢力、活動の根本となる気力等々。また健康とは、すこやかなこと、無病、達者等々、言葉の上ではあってもかなりの違いが分ります。

例えば早起きはいつでも辛いものです。遊びのための早起きはラクですが、仕事での早起きはつらいものです。これはすべて気分が作用しているわけです。気持が身体に命令し、それに応じて体が行動をおこすわけですから、精神は鍛えることが必要不可欠です。

合気道では、肉体と精神の循環作用により、心から体に、体からまた心に響かせるこの循環によって心身が鍛えられ、大きな気が養成されるものです。肉体だけが丈夫であっても、先ほどの例のように元気とはいえません。心と肉体とを一つに嚙み合わせ回転させることによって、心身が鍛えられ気が大きく育ってゆくのです。また気力が充実し、元気になるわけです。

ところで鎌田先生は、もう合気道を始められて五年ぐらいになりますが、何かご自身の生活で変化したところがおありでしょうか。

鎌田　まず疲れなくなったことです。腕の関節がやわらかくなり、長時間執筆しても書痙がおこらなくなりました。集中力も前より増してきたように思います。

それからもう一つは、抽象的ないい方ですが、気と一体になれるというか、自分の中に流れる宇宙の気を感ずるようになったこと、これは宗教の研究にとっても好都合です。

またこちらから質問させていただきます。師範は毎年二、三度西ドイツに合気道の指導に行っておられますが、あちらにいらして何かお感じになることがありますか。

清水　多くのドイツ人と接してみてまずいえることは、個人主義がたいへん徹底しているということです。それは決して利己主義というのではなく、自分というものをしっかり持っている。稽古においても、自分を鍛えるため、向上するためにやるという意志がはっきりうかがえます。日本の武道が追求してきた精神性とは、ほんらいこういうものではなかったのかと思うことがあるのです。たとえば日本の大学武道部の学生などときどき街でみかけますが、先輩にはいんぎんにお辞儀をするが、他人の迷惑には全く無神経であるのには驚くことがあります。とても一人の独立した精神を持っている人間とは思えない。歪んだ精神性、虚礼、威嚇性などの悪弊を考え直すべきでしょう。

西ドイツは九つの国と国境を交えていながら、国政すこぶる安定しており、国民の性格は厳格でありながら自由を重んじる誇り高き民族のように思われます。そのドイツを代表する一つに自動車が上げられます。世界で最も優秀な車を造る国は西ドイツでしょう。ちょっと話がとびますが、私はドイツでよく運転します。日本では速度制限が厳しいのでスピードはあまりだせませんが、ドイツの道路はすばらしく、アウトバーン（高速道路）では一部を除きスピードは無制限です。性能のよい車は同時によくきくブレーキを備えています。ただ急に止まるだけでは、乗車している者が大怪我をします。しかし優秀な車は、急ブレーキをかけても乗っている者にあまりショックを与えません。同時に安全度も高いということです。

これはそのまま人にも通じるように思われます。立派な人ほど己れをよく知っていて、自己規制ができます。もちろん自己規制のみすぐれていてもあまり価値がありません。迫力があってこそ自己規制の価値が生きてくるのだと思います。

鎌田　一体外国人がどうして合気道のような日本の武道をやるのでしょうか。外国人は合気道にどんな魅力を感じているのでしょうか。

清水　日本や東洋の神秘性というものに初めはあこがれて門をたたくのだと思います。西ドイツへ日本の武道が入ったのは、最初は柔道でしたが、やがて空手や合気道が入るようになりました。

合気道の一番の魅力は何というか、年齢層に関係なくできる武道だということだと思います。柔道は若いうちでないとできませんが、合気道は年相応にできますので、それでドイツ人をはじめヨーロッパ人がやるのだと思います。

合気道は試合をしません。試合はしないけれども、試合を越えた一つの境地をつかむことができます。それが哲学ずきのドイツ人の興味をひきだすことになるのだと思います。

合気道をしている西ドイツの人の一番の理想は、日本の道場へ来て、日本人と一緒に合気道をすると同時に、日本の精神的文化を知りたいということです。

私が指導しているチュービンゲン大学の二十七歳の学生がいます。その人は私の合気道の講義を聴きながら、東洋の哲学に関心をもち、卒業論文に「合気道」というテーマを選んだのです。こういう人もいるということをご紹介しておきます。

今度はこちらから鎌田先生にご質問いたします。

ヨーロッパの人が合気道をやろうとするとき、実は東洋の禅とか仏教に対する関心がその背景にあると思いますが、一体禅とはどういうものでしょうか。私も以前から合気道をやりながら、従来の合気道にない哲学のようなものを求めたいと思っていました。合気道の根底にあるものは禅ではないかと思うのですが、先生は仏教や禅研究の専門家でいらっしゃいますので、禅と合気道について少しお話し下さいませんか。

鎌田　西ドイツの人が合気道を求める背景に、東洋的な神秘主義があるかと思います。その代表的なものが禅ではないかと思うのです。禅の精神は無心です。無心というのは何ものにもとらわれないことです。自由自在な境地が禅の心です。合気道でいえば、円転自在の気の動きだと思います。

清水　ところで素人は禅といっても仏教のなかでどういう位置を占めるのかほとんど分りません。仏教における禅の位置を簡単にお話し下さい。

鎌田　仏教はインドでお釈迦さまが開いた宗教ですが、後の時代になって達磨《だるま》が中国に渡って開いたのが禅宗です。禅宗は坐禅によって悟りを開く宗派であり、仏教のなかで一番根本になる教えです。その教えの中心は、経典や文字によらないで自分自身が坐禅の修行を行ない、自分で悟りを開くということです。どこまでも修行を重んじる宗派であり、合気道が稽古を重んじるのとまったく同じなのです。

清水　西ドイツではプロテスタントもカトリックもありますが、とにかくキリスト教が主流です。一体、禅とキリスト教と通じるものがあるのでしょうか。

鎌田　キリスト教の一つの流れである神秘主義は瞑想を重んじます。禅も坐禅を通して瞑想を行ないます。瞑想というのは心を一点に集中するために行なうものですが、キリスト教の瞑想も坐禅も、精神統一のやり方としては似ていると思います。

西ドイツにキリスト教があることは、東洋の禅をドイツ人に知ってもらうのに都合がよいことです。

清水　それでは、先生は禅と合気道が、どのように結びつくとお考えなのでしょうか。

鎌田　禅そのものは無心の境地であり、無心というものは目に見えません。身体で体得するものです。鎌倉時代に禅が武士社会に受けいれられたのは、武士が生死の間をさまようとき、死と対決する道を禅に求めたのであったからです。やがて室町時代になると、禅は茶道とか華道とか能など、目に見える形あるものとして日本人に受けいれられました。

禅は形あるものでなければ人に受けいれられません。坐禅もその一つの形でありますが、禅は無限に形を創造することができます。その一つが合気道であると思います。合気道とは目に見えない禅の心を見事に身体に具現したものであるといえます。何ものにもとらわれない無を、気の動きとして実現したのが合気道なのです。だから合気道は動く禅といわれます。逆に坐禅は静止した合気道といえます。まさしく動禅が合気道であるので、合気道の哲学は禅に求められなければなりません。だからこそ合気道の動きの美学は、禅の美とまったく同じなのです。

清水　なるほど、そういうことになりますね。禅は実に激しい修行を伴うものとうかがっておりますが、その激しい修行によって生死を超えた認識に達するものだったのですね。これは明日の生死を保証されない武士の生活感情に当然受けいれられるもので、武道が望む哲学が禅であったのも頷けます。

この「死と対決する」姿勢ですが、これが人間に根源的活力を与えるものなのではないでしょうか。私がこうして合気道を続けておりますのも、武道のなかで合気道が最もこの根源的な活力を維持していると思うからです。外国の人が合気道に魅かれるのも、最初は技のおもしろさからでしょうが、続けるうちに、死と対決することを通して凄まじいばかりの気迫を感じてくるからではないでしょうか。合気道で試合をしないのは、求めるものがその時々の勝敗ではなく、根源的な人間の高まりにあるからです。

先生は私の道場に実に熱心に通ってこられますが、私もぜひ、先ほど「静止した合気道」といわれた坐禅のご指導をお願いしたいと思います。

第三部　合気道の技法

清水健二

合気道の心得

——開祖から学んだ受けの大切さ

第三部「技法篇」は入門書という形ではなく、読者が読んでみて合気道とはこのような技であり、このような武道なのかということが理解できるように書きました。技法には激しい変化技も出してありますが、実際の稽古では後進者向きの技が他にも多くあります。

私は過去において柔道をやっておりましたが、そのころはよく体をこわしたものです。相手に勝とうとするあまり無理を重ね、肩、腰、膝などを痛めたのです。しかし合気道を始めてからは、怪我をすることも殆どなくなり、体が整えられてきたのを感ずるようになりました。過去の傷がなおり、一層抵抗力がましてきたように思います。

稽古では、ふだんめったに使わない関節や筋肉をフルに動かすので、関節の動きがよくなり、血液の循環が円滑になり、内臓諸器官のはたらきが活発になるからです。

合気道では〝受け〟が大切です。受け身とは、うまく転べばよいというだけではなく、相手の投げに対し、呼吸が合っていなければなりません。それには常に備えの心をもって稽古（受け）を重ね、それをとおして相手の動作や呼吸を読むのです。受けの呼吸が分るようになれば、当然その呼吸がこちらの技に生きてきます。「合気道は受けが極意でもある」といわれた開祖・植芝盛平師の言葉がよく理解できます。

私は入門当初から開祖に可愛がられ、受けをみっちり鍛えられましたが、そのたびに失敗を重ね、未熟であった当時の私は、正直いって開祖から逃れたくて仕方がない毎日でした。しかし不思議なもので、失敗を重ねていると自然こちらも腹がすわってくる。慣れといってしまえばそれまでですが、開祖の誘いに少しずつついていけるようになれたときには、私の技が急に伸びていたことを記憶しています。受けが大切である所以でしょう。

開祖はよく私に、「清水、合気道は〝小戸の神技〟じゃ、分るか！」といわれたものです。当時道場には、教養のある立派な方々が大勢きていて、その意味をそばにいる私に尋ねるのですが、私もさっぱりわからず恥ずかしい思いをしたものでした。

「小戸の神技」ですが、いろいろと調べたところ、最近になってすこしその意味がつかめてきました。小戸の「戸」には人々という意味があり、小さき生きものの神技、すなわち小人たちの偉大なる技ということになります。一人の人間はあくまでもちっぽけな存在にすぎないが、

植芝盛平翁と（1965年５月）

合気道の技を行なうときには宇宙の生命と一体になるような広がりと気魄を持て、ということではないでしょうか。

開祖に仕えた日々を回想するとき、あの失敗を重ねた日々がなつかしい。また、それをとおして今日の私の合気道の基礎がつくりあげられたのだと思います。

以下に述べる合気道の技法は合気道の基本技、変化技ですが、私はそれらの多くを開祖から学ばせていただいた次第です。開祖には感謝してあまりある気持ちを持っております。

正坐

姿勢を正し、心静かに坐る。稽古を始めるに際しては、相手の人格を尊重し敬う心がけで正坐する。

〔要点〕

(1)正坐の際は左足の親指の上に右足の親指を重ね、右足から立ち易くする。

正　坐

(2)顎を軽く引き、背筋を伸ばす。
(3)両膝の間隔は握りこぶし二つくらいが理想である。

〔私の体験〕

私が内弟子の頃、開祖は、門人の坐り方を見ただけでも、どの程度の稽古ができているか、すぐ分るといわれた。稽古を継続していれば自然に正坐の形ができてくるものである。いまふうにいうならば、様《さま》になるということであろう。一つのことを真剣に継続していれば、おのずからその格好がついてくるものである。

人間何ごとにおいても修練を重ねれば重ねるほど頭が低くなる、また腰が低くなるといわれる。この本意は、ものごとの深さ、むずかしさが分るようになればなるほど、一層己れの未熟さに対して初心になれるという意味であると思う。何も分っていない者ほど大きな態度をとるものである。

人は死ぬまで修行というが、これはいいかえれば、死を恐れぬ勇気をつけるために、一生かけて修行しているのかも知れない。生あるものには死は必ず迫ってきているのであるから、今日を精一杯生きる修練が必要である。

相　半　身

相半身

相手の右半身体（右足を前に半身になる）に対し、

こちらも同じ右半身体をとることを相半身という。

〔要点〕

相手の攻めに対し、いつでも対応できるように心の備えを持ち対峙する。

逆半身

相手の左半身体に対し、こちらは右半身体にて、

逆　半　身

互いの逆の足（右と左）が前へ出た構えをいう。

〔要点〕

相半身・逆半身の構えは、稽古時の技によって変化が可能になる。

〔私の体験〕

開祖の初期の頃の稽古時の構えは、左右の腕を段違いにして相手に向けて伸ばし、手刀にて構えたとのことであったが、私が弟子の頃は、開祖は、「動きが束縛される構えではよくない。半身の自然体での構え（備え）が最もよい」といわれていた。

肩取り呼吸投げ（1）

相手が肩取りで攻めてきたところを押し返さず引かず、前へ合わせ流し、そのまま腕から肩へと大きく入り、相手を包むような気持にて側面へ投げる。

〔要点〕

相手の首あたりにこちらの肩が入るようにするのがよい。たとえこちらが小兵の場合であっても、たやすく肘にて相手の顎に当て身を入れることができる。この動作は速く行なうのが効果的である。

肩取り呼吸投げ(1)

〔私の体験〕

合気道には呼吸技は数多くあり、呼吸技の多くが当て身技にも関係している。私がまだ内弟子になりたての頃、以前柔道をやっていたので、投げに対して頑張る癖がついていた。そこで、相手の投げに逆らったところ、みぞおちをひどく打たれ、かなりのダメージを受けた覚えがある。受けは故意に頑張らないのがよい。受け身は、我が身を守るためであることを忘れないこと。

後両手取り呼吸投げ（2）

後ろから両手を制しにきた相手に対し、我が両手を振りかぶり横に体を抜き、そのままふりかぶった両腕先の方向へ両手を伸ばし、手刀をつくって全身で大きく前へ斬り下ろしながら投げる。

後両手取り呼吸投げ(2)

〔要点〕

この呼吸投げでは細かい技術がいくつか含まれるが、特に大切なポイントは、相手の両脇を開かせることである。そのためには、こちらの両腕をふりかぶるときの手の返しが重要である。

〔私の体験〕

技に共通していえることは、投げようと思って出す技は、うまくゆかぬことが多い。欲を出せば、相手はいうことをきいてくれないようである。また欲を出すと自身の体がついてこなくなるものである。

片手取り呼吸投げ（3）

手首を制しにきた相手に対し、その手を前へ合わせ、流し、転換して横へ入り、相手と並ぶ形から大きく前へ踏み込み、手刀にした手を思いきり斬り下ろして投げる。

片手取り呼吸投げ(3)

〔要点〕

(1)思いきり踏み込み、大きく斬り下ろす。

(2)手刀に体を乗せること。

〔私の体験〕

昔、開祖の受けをさせられたときのこと、予期なくこの呼吸投げに会い、ものの見事に投げ飛ばされた。どういうわけか（技が）さっぱり理解できなかった。しかし呼吸が合うようになると全く抵抗がなくなり、投げられたにもかかわらず気持のよい思いをした。

両手取り呼吸投げ（4）

相手の両手取りの攻めに対し大きく体を転換し、同時に外側の方の片腕をふりかぶり、体を抜きつつ腰をすばやく落とし、その手を大きく前へ下ろしながら投げる。

両手取り呼吸投げ(4)

〔要点〕

動きを止めぬよう心がけること。体を抜くのと、腰を落とすのとを同時に行なう。

〔私の体験〕

合気道では試合をせず、技の反復稽古を行なうことは、前に述べた通りである。このため、投げる者と投げられる者との間になれあいの気持が生じ易い。正確に投げてもいないのに相手が倒れることを期待し、また投げられてもいないのに自分から倒れてしまうようなことが起こり得る。

この呼吸投げなどは、いい加減な気持で投げに入ると、相手の体がこちらに乗っかってきて、相手もろとも倒れてしまうことがある。稽古は常に備えの心をもって、真剣に行なうことが肝要である。

横面打ち呼吸投げ（5）

相手の打ち込んできた力に逆らわず、体の転換で相手を崩し、そこをこちらの両手刀で、相手が横面を打ち込んできた手刀の上からと横面とを打ち下ろす。一瞬の動きで投げる。

〔要点〕

相手の最初の踏み込みに遅れず同じ踏み込みをし、思いきり体の転換をはかること。

〔私の体験〕

開祖の言葉にはよく地球という言葉が出てきた。

「地球を洗濯せにゃいかんな！」

「地球を包み込むような気持で稽古せい！」

「地球を持ち上げる気になれ！」

当時はなんと無茶なことをいう先生だろうくらいにしか思っていなかったのだが、そういう言葉がいまだに忘れられず今日までやってきて、開祖のその言葉が何よりの肥やしになっている。合気道の技にはあまり細かい名称がつけられていない。一つの技の名称の中に多くの技が含まれているからである。

この横面打ち呼吸投げでも、地球を斬り裂くような気持ちで実行している。

横面打ち呼吸投げ(5)

片手取り呼吸投げ（6）

片手を制しにきた相手の虚をつき側面へ大きく踏み込む。相手の体勢の崩れを捕え、そのまま こちらの伸ばした手を槍に見立てて、大地を突き刺すような気持にて投げる。

〔要点〕

我が手を手槍に見立て腕を伸ばし、腰を乗せることが肝要である。

〔私の体験〕

投げた相手が恐る恐る受けをとる場合、こちらの手首にぶらさがるような形になるので、一緒に倒れることがよくあるが、これも稽古を積んでゆくうちに体のバランス、腰の安定がよくなり、体の中心が崩れなくなる。

技は動きのなかに自然に出てくるものであって、ある技をしかけようとしてもなかなかうまく運ばない。相手も用心する。まず動きを覚えるのが肝要である。

片手取り呼吸投げ(6)

両手取り呼吸投げ（7）

相手が正面より両手を制しにきたところ、相手の出足に合わせ、相手の片腕を投げる方向へ抑え、他方の腕は肘が浮くように上げ、転換しつつ遠心力の理をもって投げる。

〔要点〕

両手取り呼吸投げ(7)

途中動きが止まらぬように、腰をしっかりひねること。

短刀取り（1）

相手が突きにくる瞬間、短刀を持っている側面へ深く入り、面をこちらの腕にてはらう。この技は特に腰が逃げぬよう気をつける。

〔要点〕

思いっきり突かせること。躊躇してはいけない。

〔私の体験〕

いま受けをとってくれているライナーは、十五年前から熱心に合気道修行をしているドイツ人である。六年前に私の合気道を知り、その後ずーっと私の合気道についてきている。彼は人

短刀取り(1)

柄がよく、そして勇気のある男である。こういう男性が精一杯日本の武道を修行しようとする姿を見るにつけ、私は合気道をやっている喜びを感ぜずにはおれない。またライナー始め外国人の理解者に刺激されて、一層精進しようと思うのである。

この技の折も、激しい技ゆえライナーは受けに相当苦しんだようである。しかし彼はどのような技にも、文句一つ言うでなく、ただひたすらについてきてくれた。ライナーによって思い切った演技ができたことに深い感謝の意を表したい。

短刀取り（2）

背後からの突きに対し、体のひねり（腰）をつかい、短刀を持っている相手の側面に入る。と同時に、その手首を摑み、流し、手を上へ返しながら体を転換して投げに入る。

〔要点〕

こちらの体、手が短刀に触れぬようにすること。特に返すとき、相手の手の甲にこちらの手の平を合わすことが肝要である。（写真次ページ）

短刀取り(2)

片手取り一教

逆半身よりの相手の片手取り攻めに対し、相手の側面に回り込んで同じ方向へ流し、崩れた瞬間、手刀にてふりかぶり、体を抜き、袈裟に斬り下ろしつつ相手を地に臥す。

〔要点〕

(1)掴みにきている相手の腕がゆるまぬように気をつけること。
(2)動きを最後まで止めぬこと。

〔私の体験〕

袈裟に斬り下ろす手刀は岩をも斬り裂く気魄にてやってみろ！と開祖によくいわれたものである。

片手取り一教

正面打ち腰投げ（1）

相手が正面打ちにて攻撃をかけてきたところを、そのまま一歩前面へ立ち向かい、相手が手刀にて打ち下ろす瞬間腰を低く落とし、相手の虚をついて腰の上を転がすように投げる。

〔要点〕

打たせるという心構えにて立ち向かうがよい。打たせると打たれるとでは全く意味が違う。「打たせる」は気持はすでに先をいっている。すなわち誘いをかけることであり、「打たれる」は後の気持、すなわちおくれをとることで、備えのないことである。

〔私の体験〕

合気道の鍛錬を通じて学んだことは、技の心が、人生にそのまま活かせるということである。もう十年以上前になるが、私が独立の道場を持った頃、合気道関係のある実力者から大変強い風当りがあった。できるだけ我慢したつもりであったが、その人の言うことに納得できず、

正面打ち腰投げ(1)

私は、当時の日中経済協会理事長で、私の合気道の理解者の一人であった渡辺弥栄司氏のところに相談に行った。そのとき氏は、「あなたがいつも説明しているではありませんか。相手の攻めをまともに受け止めてはいけない。体さばきで攻めをかわし、流れを一つにするよう工夫してみること、これですよ」と言われた。それを聞いて私は、合気道の心を改めて考えたものである。

この腰投げは、相手の攻めに対し全く逆らっておらず、無理もしていない。相手の加えてきた力をそのまま利用して投げている。この技では、呼吸を合わす法をしっかり鍛錬すること。

相半身片手取り腰投げ（2）

相手がつかみにきたこちらの腕を大きく円を描くように相手の顔面に向けて返しつつ、一歩踏み込み、腰をひねって低く腰を落とす。相手の下腹部がこちらの腰に乗ったところを腰を浮かす。

相手は片肘を浮かされているため、がまんできず腰に乗っかり、重心のかかる方へ転がり落ちる。合気道の腰投げは引きつけて投げるということをしない。

相半身片手取り腰投げ(2)

〔要点〕

(1)相手の肘を浮かすことが肝要である。
(2)相手の虚をつき腰をすばやく落とす。

後両手取り腰投げ(3)

後両手取り腰投げ（3）

背後より両手を制されたとき、前述の両手取り呼吸投げと同じく両腕を上へ抜き、同時に相手の重心が上へ崩れるようにする。こちらの腰は低く落とし、相手が腰へのったところを、腰を浮かしつつこちらの両手を斬り下げて投げをうつ。

〔要点〕

背負い投げでなく、腰投げゆえ、相手が腰にのるようにすると安定した投げができる。

相半身片手取り二教

相半身片手取り二教

相手が後ろへ回り込もうとするところを先手をとり、手を上へ大きく返し側面へ転換する。

相手の崩れを捕えそのまま相手の手首関節を極める。

〔要点〕

動きをとめずに極めに入るのが肝要である。また相手を呑むような気持で極めるのが効果的。

〔私の体験〕

この二教は、手首関節を極める立極め技である。柔道においては、手首関節技は禁止されている。なぜなら試合においての手首技は危険であるからである。合気道では二教は有効な技として今日に伝承されてきた。

合気道では試合形式をとっていないため、相手により技の強弱加減ができる。この二教技は体格の秀れた相手に大変効果を発揮する技である。

門下生と清水（身長174cm）
（西ドイツ，ジーゲンにて）

ドイツのリューベック地方などでの指導の際、たまに北欧人も参加してくる。北欧人は皆大変大きく、二メートルを越える人は珍しくないが、その人たちに二教をかけると悲鳴をあげてうずくまるほどである。

この二教は多様な攻撃を受けても対応できる要素を含んでいる。

正面打ち一教

この一教も四方投げと同じく、剣の理を徒手に生かした典型的な技といえる。相手が正面を打ち込もうとするところを、それを許さず、その振りかぶろうとする腕をそのまま下からすり上げながら、相手の顔面の方へ返し、崩れに乗じて抑えに入る。

〔要点〕

抑えは、腕のみで抑えるのでなくて、大地を抑えるがごとくその気を養成する。

〔私の体験〕

正面打ちでは、タイミングよく入る技の稽古は、そのまま対人関係の稽古になるとよくいわれる。相手に対する恐れ、一瞬のためらいも許されないからである。合気道の抑え技においては、ただ抑えるのではない。常に気を養成するための鍛錬としての稽古法が大切にされなければならない。

正面打ち一教

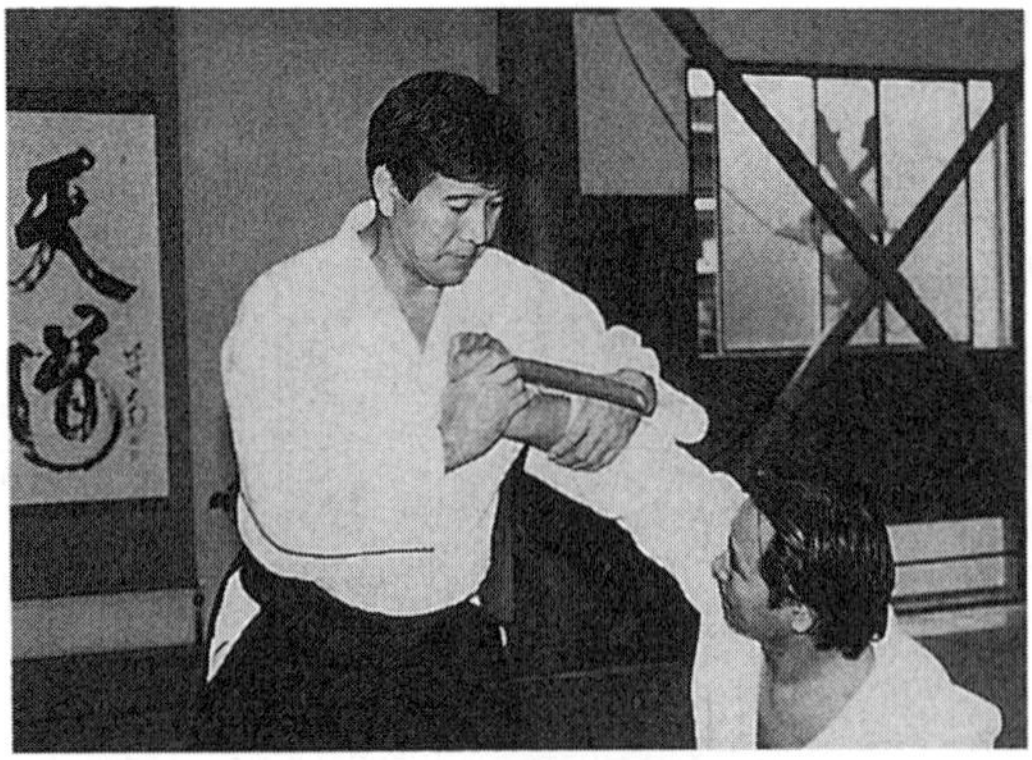

二教極め

二教極め

相手の手首を返し、甲の上からしっかり掴み、こちらの片胸へ引きつけ、脇をしめ固定させて極める。

〔要点〕

合気道の技では、気の作用を大変重要視している。気持のもちようで自分自身如何ようにも変化できるのである。この二教などは特にそういえる。相手の手首のみに気を取られてはならない。相手を呑む気で技に入ればよい。

〔私の体験〕

相手の反撃に対し、どのようにも対応できる極め技であるが、あまり強く行なうと相手を壊すことになる。ずいぶん昔のことだが、あるところで演武をやった際、そんなにうまくゆく筈がないと笑っている人がいた。私は若かったし、少々面白くなくて、試しに前へ出てもらってやることにした。彼はある武道をやっているとのことであったが、有段者のマナーを持っているとはとてもいえない態度であった。私は軽くやるつもりであったが、相手が技に逆らい頑張ったので、二教が思いのほか強くかかり、その人の手首を壊してしまった。そして私は、自分の精神の未熟さをいやというほど味わったのである。

二教固め

二教固め

この固め技は、片腕を完全に固め制する技である。合気道では相手の反撃を固め制するため、このように相手の両足また他方の腕を無抵抗にする。したがってうつ伏せに固める技が多いのである。

稽古では受けが参ったと合図すれば、それに応じてゆるめるのであるが、相手が反抗するとみなせば強くも弱くも自在に変化できる特徴をもっている。とくに固めの技は、相手を殺生するのではなく、相手の暴力のみを制する合気道精神の一つのあらわれである。

三教極め

三教極め

相手の手の平にこちらの指がかかるようにして摑み、相手の肘が上にあがるようにして捻りを入れて肘を極める。

〔要点〕

肩に力を入れず、摑みを強く、相手が体を回して逃げられないよう気をつけることが肝心である。

〔私の体験〕

三教も二教と同じく強く極めると大変危険である。肘を痛めることになる。いい気になって頑張ると、相手によっては大変な目に会う。

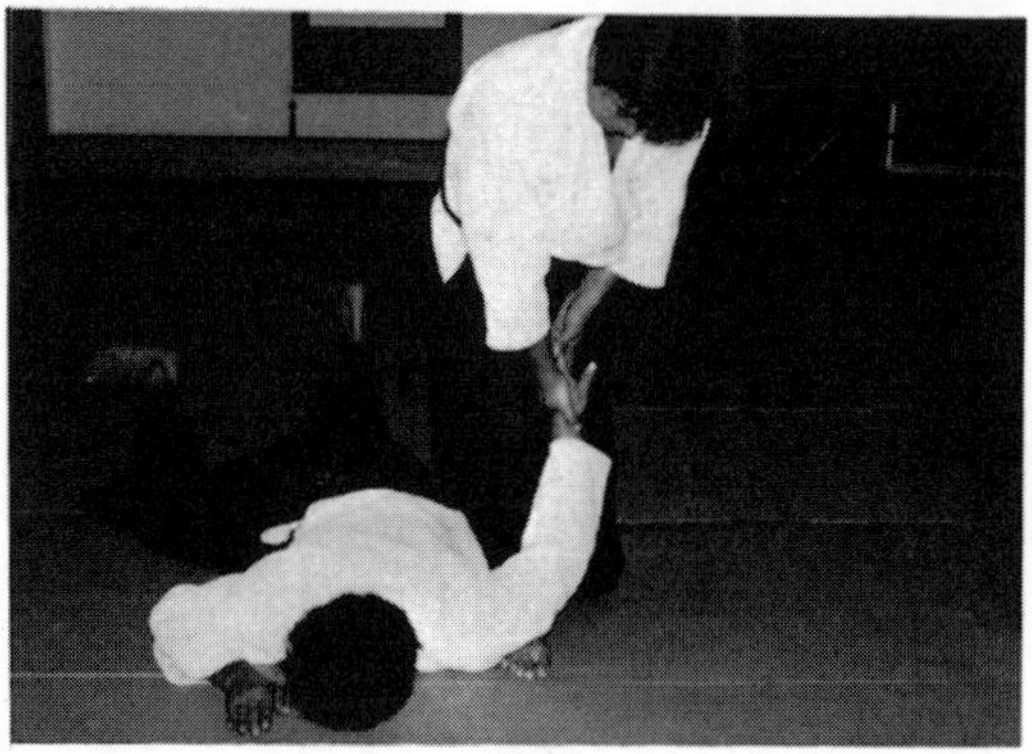
三教固め

三教固め

極めのところと同じく、相手の手を掴み、手首、肘を極めたまま地へ伏せる固め技である。

そのままこちらの手はゆるめず、相手を立てなくする。二教と同様、相手の反抗に応じ、強弱を加えることができる。

四方投げ

この四方投げは合気道のすべての技の中でも最も基本的な技として、多くの人に知られる。他のいかなる武道の中でも見られない合気道独自な技である。四方八方へ投げを打てるということから四方投げの名称がついたようである。

四方投げは、相手の片手首を握り、相手の腕を剣に見立て、胴を切り上げつつ体を回転し、後向きになった相手をそのまま、腕を切り下げながら投げる。

特にこの技はいろんな技の要素を含んでいるので、充分な稽古を重ね修得することが大切である。

〔要点〕

すべての技にいえることであるが、特にこの技を稽古するときは、初めて学ぶ技であるという気持で、常に初心を忘れぬ心がけが肝要である。

四方投げ

〔私の体験〕

内弟子の頃、道場で自由稽古の最中、ときどき開祖がやってこられた。そのとき他の技をやっていると怒られたものだが、四方投げをやっているときは怒られた記憶がない。人間は常に、初心、覚悟（勇気）の精神を持っていたいものである。

正面打ち入身投げ

相手の正面打ちに対し、上から合わせる形で打ち下ろす。と同時に、体を転換して入身になり、円運動により崩し、相手の立ち直ろうとする瞬間を捕え、手で相手の横面をしっかりこちらの片胸へ引きつけ、片方の腕にて大きく返しながら投げに入る。

〔要点〕

入身技である故、最初のすれ違いの呼吸を大切にし、体さばきで身を相手の背面に入れる。

正面打ち入身投げ

大変むずかしい技である。相手の打ち込んでくる呼吸を相当読めるようにならなければ、なかなか思うようにはこばない。

また入身投げほど人によって違いがはなはだしい技はない。入身投げは基本技であるにもかかわらず、我流の動きの多いことに驚く。合気道には試合がないということが特色であるが、これは欠陥でもあろう。

二人掛り

合気道の技の特徴はすれ違いの呼吸にあると開祖は常々語っておられたが、これは合気道に限らず、武道全般に通じていえることであろう。また合気道の技は一対多数を想定した稽古法である。故に稽古時は心の備えが強調される。

鍛錬を重ねるなかで肉体は一層柔軟になり、備えの心は一層磨かれてこなければ意味がない。

たとえば、百メートル競技、長距離でもそうである。スタート前に走者は、懸命に体の関節

筋肉を柔軟にする。それは瞬発力と持続力を増すためである。修練すればするほど、肉体、表情が柔らかくなるようでありたい。

〔要点〕

多人数掛りでの心構え。「万の敵をも一とみなし、一の敵をも万の敵と思え」。

あとがき

この本は鎌田先生と私の共著という形で刊行されますが、そのことについて少々ご説明申し上げます。

鎌田先生は仏教学の最高権威として、多くのご著書のある東大教授でいらっしゃいます。その先生と私のご縁ができましたのは、先生が五年前に私の道場にお通いになってからであります。先生は大変稽古に熱心な方ですが、同時に洒脱なご風格があり、私はもとより、門弟一同も敬慕申し上げております。

その先生から、突然「『禅と合気道』という本を書いてみたい」と、共著のお話がありました。鎌田先生とご一緒するには、私では未熟すぎると思い、ご辞退申し上げましたがが、重ねてお話がありました。よく考えてみますと、先生が合気道の哲学を書かれることは、合気道を一般の方々に理解してもらうよい機会だと思い直し、ありがたくお受けすることにいたしました。

この本の中で先生は、合気道の哲学をうちたてられました。私も今まで考えてまいりました合気道について述べてみたい、そして合気道にご縁のなかった方々にも読んでいただきたいという願いがあります。

私は天道流合気道の師範ですから、もちろん実技を重んじております。ただし同時に、禅と合気道の深いつながりを意識してまいりました。

私は毎年、西ドイツ、ユーゴスラヴィアへ指導に出かけております。また、その他の国々からも依頼を受けております。そのような事情がありますので、この本は、英、独、仏、その他の欧米諸国に紹介していきたいと考えております。

最後に、本書出版のお声をかけていただき、最後までご指導いただいた鎌田茂雄先生、およびなにかとお世話いただいた人文書院の落合祥堯氏に心からお礼申し上げます。

昭和五十九年一月一日

清水健二

鎌田茂雄（かまた・しげお）
一九二七年神奈川県に生まれる。駒沢大学仏教学部卒業。東京大学大学院修了。現在東京大学東洋文化研究所教授。文学博士。中国仏教史、華厳教学専攻。一九七六年日本学士院賞受賞。天道流合気道を修める。二〇〇一年没。
著書：『華厳の思想』『禅とは何か』『天台思想入門』（講談社）『日本仏教のふるさと』『中国仏教史1・2』（東大出版会）『中国仏教史』（岩波全書）『気の伝統』（人文書院）他多数。天道流合気道を一三年間修行し、現在五段。

清水健二（しみず・けんじ）
一九四〇年福岡県天道に生まれる。一二歳より柔道を始め、九年後講道館四段を認可される。一九六二年明治大学卒業。六三年合気道創始者植芝盛平師の内弟子として修行し、高段位八段を許される。七〇年清水道場として独立、五年後天道館と改名。七八年より毎年西ドイツへ合気道指導で招聘される。八二年天道流合気道として独立。天道流合気道管長。平成十四年度外務大臣表彰受賞。
（天道館本部道場住所：東京都世田谷区太子堂二-一三-一五）

禅と合気道

一九八四年三月三〇日初版第一刷発行
二〇二四年九月三〇日オンデマンド版第三刷発行

著　者　鎌田茂雄
　　　　清水健二
発行者　渡辺博史
発行所　人文書院
京都市伏見区竹田西内畑町九
電話〇七五・六〇三・一三四四
振替〇一〇〇〇-八-一一〇三
組　版　株式会社太洋社
印刷・製本　モリモト印刷

ISBN978-4-409-49002-8 C0015